Frère Roger, Taizé

In allem ein innerer Friede

Frère Roger, Taizé

In allem ein innerer Friede

Ein Jahresbegleitbuch

HERDER

FREIBURG · BASEL · WIEN

Titel der überarbeiteten Originalausgabe:
En tout la paix du cœur

FSC
www.fsc.org
MIX
Papier aus verantwortungsvollen Quellen
FSC® C014496

Neuausgabe, 2. Auflage

Für die deutschsprachige Ausgabe:

www.herder.de

Übersetzung: Communauté de Taizé
Umschlaggestaltung: Finken & Bumiller
Umschlagmotiv und Bilder im Innenteil:

Satz: Barbara Herrmann, Freiburg
Herstellung: GGP Media GmbH, Pößneck
Printed in Germany

ISBN 978-3-451-29997-1

Inhalt

Vorwort 9

Zu diesem Buch 13

Januar 15

Februar 33

März 49

Ostern und Pfingsten 65

April 69

Mai 85

Juni 103

Juli 119

August 135

September 151

Oktober 169

November 185

Dezember 201

Einige Bibelstellen zu Vertrauen und
Frieden im Herzen 217

Anmerkungen 229

Für jeden Tag des Jahres hat der Gründer von Taizé einen Gedanken aufgeschrieben, kurz gefasste Einsichten und Erfahrungen, auf die man ein Leben lang immer wieder zurückkommen kann. Unter den Texten sind auch viele – *kursiv* gedruckte – Gebete.

Die Texte für die beweglichen Feste, Ostern und Pfingsten, stehen zwischen März und April. Eine kleine Auswahl von Bibelstellen zum Thema „Vertrauen und Frieden im Herzens“ beschließt das Buch.

Vorwort

In einer Zeit, in der die Völker in Europa einander zerrissen, fühlte sich Frère Roger zur Versöhnung aufgerufen. Die Christen, sagte er, können zur Versöhnung der Menschheit beitragen, aber nur unter der Bedingung, dass sie sich vereinen, dass sie nicht getrennt bleiben.

Jeder von uns kann sich fragen, was dies für ihn persönlich bedeutet. Ich möchte Folgendes hervorheben: Unterschätzen wir nicht die Zeichen der Gemeinschaft und der Versöhnung, die wir setzen können!

Auch ganz kleine Gesten können einen für uns zunächst unvorstellbaren Einfluss ausüben. Sie haben eine Kraft in sich, deren Auswirkungen auf lange Sicht wir nicht einschätzen können. Gott selbst lässt sie Frucht bringen, verleiht ihnen Wirksamkeit.

Bleiben wir nicht an Ort und Stelle, um solche Zeichen der Versöhnung zu leben. Wagen wir es, uns auf schwierige Verhältnisse ganz in unserer Nähe oder in weiter Ferne einzulassen! Wagen wir es, dorthin zu gehen, wo es an Hoffnung fehlt! Allein unsere Anwesenheit, auch ohne große Mittel, kann bereits eine Wende einleiten.

Bei solchem Engagement trägt uns die Gemeinschaft der ganzen Kirche. In Taizé ist das Geheimnis universaler Gemeinschaft Woche für Woche geradezu greifbar. Uns allen kann das Gesicht der Kirche im Alltag manchmal armselig erscheinen. Und dennoch finden wir in ihr den lebendigen Christus.

Frère Roger war sich seiner begrenzten Mittel klar bewusst, und brachte trotzdem den Mut auf, immer wieder neu anzufangen, bis zum letzten Atemzug. Er fand den Mut darin, dass er sich beständig der Gegenwart des Heiligen Geistes anvertraute.

Mit diesen Mut hat er uns einen Weg gebahnt, auf dem wir heute weitergehen möchten: einwilligen in das Wenige, das wir haben, das Wenige, das wir sind, und uns der Gegenwart des Heiligen Geistes anvertrauen, der uns schöpferisch macht zusammen mit Gott.

So finden wir unseren Platz in der Reihe aller Glaubenden. Wie Abraham, wie Maria und in ihrer Folge eine große Wolke von Zeugen, zu denen Frère Roger für uns nun gehört, wollen auch wir es wagen, aus einem Vertrauen auf Gott zu leben, das Tag für Tag erneuert wird, und dabei in allem den inneren Frieden bewahren.

Frère Alois, Taizé

Zu diesem Buch

Dieses Buch wurde für Menschen geschrieben, die in allem mit dem Frieden des Herzens leben möchten, in der Freude, der Einfachheit und der Barmherzigkeit. Mit sehr wenigen, manchmal nur mit einigen Worten, die auf das Wesentliche verweisen, ist es möglich, von Tag zu Tag zu leben. Wenn Niedergeschlagenheit die Oberhand gewinnt und die Schritte schwer und schleppend werden, wenn froh machende menschliche Hoffnung erlischt, kommt es mehr denn je auf den Frieden des Herzens an. Die Seiten dieses Buches habe ich nicht weniger für mich selbst als für die geschrieben, die sie lesen.

Gott der Barmherzigkeit,
groß ist unser Durst nach Frieden im Herzen.
Und das Evangelium lässt uns erkennen:
Selbst in den dunklen Stunden liebst du uns,
willst du, dass wir glücklich sind.

Frère Roger, Taizé

Januar

1. Januar

Wer zu Gott unterwegs ist, geht von einem Neubeginn zum andern. Zählst du zu den Menschen, die es wagen, zu sich selbst zu sagen: „Fang wieder an! Streif die Mutlosigkeit ab! Sei ein lebendiger Mensch“?

2. Januar

Niemals setzt Christus uns als Richter übereinander ein. Das Evangelium legt uns nahe, zu lieben und es mit unserem Leben zu sagen.

3. Januar

Jesus, Licht unserer Herzen,
seit deiner Auferstehung kommst du
durch den Heiligen Geist immer zu uns.
Wo wir auch sind, stets erwartest du uns.

Und du sagst: „Kommt alle zu mir,
die ihr euch mit schweren Lasten plagt,
und ihr werdet zur Ruhe kommen."[1]

4. Januar

Die faszinierendste Entdeckung, die man bei Johannes machen kann, ist ein herrliches Wort: „Gott ist Liebe …"[2] Und Christus ist nicht auf die Erde gekommen, um die Welt zu richten, sondern damit durch ihn, den Auferstandenen, jeder Mensch gerettet, versöhnt wird.[3]

5. Januar

Menschliches Leiden zu mildern steht im Mittelpunkt des Evangeliums. Wenn wir Not und Bedrängnis anderer lindern, tun wir es Christus, begegnen wir ihm. „Was ihr für einen meiner geringsten Brüder tut, das tut ihr mir."[4]

6. Januar

Lässt du dich darauf ein, das Licht des Evangeliums zu empfangen, auch wenn dein Glaube ganz gering ist? „Es leuchtet in der Finsternis, und die Finsternis konnte es nicht auslöschen.“[5]

7. Januar

Gott aller Menschen,
du drängst dich nicht auf,
du tust uns niemals Zwang an,
sondern bringst in jeden dein mildes Licht.

8. Januar

Es gibt Länder, in denen sichtbare Sterbehäuser stehen. In den westlichen Gesellschaften gibt es unsichtbare Sterbehäuser. Dort sind Kinder, Jugendliche von Verlassenheit gebrandmarkt, vom Bruch menschlicher Beziehungen tief gezeichnet. Ihr Herz stirbt manchmal vor Einsamkeit ab. Sie fühlen sich wie in einem Ozean ohne Leuchtturm. Manche verlieren eines Tages den Geschmack am Leben. Verlassenheit ist vielleicht eine der tiefsten Wunden unserer Zeit.

9. Januar

In allem innerer Friede, ungetrübte Freude. Schon lange vor Christus betete ein Glaubender: „Bei Gott allein kommt meine Seele zur Ruhe, von ihm kommt meine Hoffnung, nur er ist meine unerschütterliche Zuflucht.“[6] Und im Evangelium sichert Christus uns zu: „Meinen Frieden gebe ich euch, meinen Frieden hinterlasse ich euch. Euer Herz beunruhige sich nicht und verzage nicht.“[7]

10. Januar

Sechs Jahrhunderte nach Christus schrieb ein christlicher Denker, Isaak von Ninive, Worte von Feuer: „Gott kann nur seine Liebe schenken." Wer diese leuchtende Wirklichkeit begreift, fragt sich unweigerlich: Wie kann ich anderen eine derart unumstößliche Hoffnung weitergeben?

11. Januar

Atem der Liebe Gottes, Heiliger Geist,
du senkst den Glauben tief in unsere Seele ein.
Er ist wie ein tausendfach erneuerter Schritt
des Vertrauens.
Er kann nur ganz einfaches Vertrauen sein,
so einfach, dass es allen offensteht.

12. Januar

Damit in uns frisches, lebendiges Wasser hervorbrechen kann, ist es gut, sich einige Tage in Stille und Frieden zurückzuziehen. In alter Zeit machte sich Elija, ein Glaubender, auf die Suche nach einem Ort, an dem man Gott lauschen kann. Er stieg auf einen Berg in der Wüste. Ein Orkan brach los, die Erde wurde erschüttert, prasselndes Feuer griff um sich. Elija wusste, dass Gott diesen Entfesselungen der Natur nicht innewohnte. Gott ist niemals Urheber von Erdbeben oder Unglücksfällen. Dann kam alles zur Ruhe, und das Wehen eines leichten Hauchs war zu hören. Elija bedeckte sein Gesicht. Eben hatte er begriffen, dass sich die Stimme Gottes auch durch einen Stillehauch vernehmen lässt.[8]

13. Januar

Einige Brüder unserer Communauté leben seit langen Jahren in Bangladesh und teilen die Lebensbedingungen der Ärmsten. Einer von ihnen schrieb: „Nach einem Wirbelsturm sagten Nachbarn zu uns: Warum all das Unglück? Haben wir so schwer gegen Gott gesündigt?" Ihr Leid wurde durch die insgeheime Furcht, von Gott bestraft zu sein, noch verschlimmert. Gott ruft niemals Furcht, Angst oder Elend hervor. Er teilt den Schmerz derer, die durch unbegreifliche Drangsal gehen. Und er lässt uns wiederum den Schmerz anderer stillen. Gott will weder Kriege noch Unordnung in der Natur noch grausame Unfälle. Gott ist daran unschuldig, Gott ist die Unschuld.

14. Januar

Eine klare Einsicht des Evangeliums, die lange unter dem Staub der Jahre ruhte, wurde freigelegt: „Christus ist mit jedem Menschen ohne Ausnahme vereint, selbst wenn sich dieser dessen nicht bewusst ist.“[9]

15. Januar

Gott aller Liebe,
du erfüllst uns mit der Frische des Evangeliums,
wenn das Vertrauen des Herzens
aller Dinge Anfang ist.

16. Januar

Glücklich, wer beten kann:
„Christus, du weißt, wer ich bin.
Es ist mir ein Bedürfnis,
dir nichts von meinem Herzen zu verbergen.

Du selbst warst Mensch.
Und wenn wir uns innerlich in alle Richtungen verlieren,
sagen wir mit dürstendem Herzen zu dir:
Gib, dass ich aus dir lebe, Jesus Christus,
richte mein Verlangen und meinen Durst auf dich."

17. Januar

Wo stünden wir heute, wären nicht Frauen, Männer, Jugendliche und auch Kinder aufgestanden, als die Menschheitsfamilie dem Schlimmsten ausgeliefert war? Sie sagten sich nicht: „Lassen wir den Dingen ihren Lauf!" Sie bahnten jenseits der Grabenkämpfe Einzelner, der Völker und der geistlichen Familien einen Weg des Vertrauens. Ihr Leben bezeugt: Der Mensch wurde nicht erschaffen, um zu verzweifeln.

18. Januar

Lieben ist ein viel missbrauchtes Wort. Lieben, das ist schnell gesagt. Die Liebe leben, die verzeiht, ist etwas ganz anderes.

19. Januar

Jesus, unsere Freude,
wenn wir in deiner Gegenwart leben,
begreifen wir, dass das Evangelium uns aufruft,
unser Leben zu geben.
Wir mögen dich vergessen,
aber deine Liebe bleibt,
und du gießt den Heiligen Geist über uns aus.

20. Januar

Seit den Aposteln, der Jungfrau Maria und den Glaubenden der ersten Zeit erging der Ruf, in Schlichtheit zu leben und zu teilen.

Es gehört zu den reinen Freuden des Evangeliums, immer wieder eine Einfachheit des Herzens anzustreben, die zur Einfachheit in der Lebensgestaltung führt.

21. Januar

Vereinfachen bedeutet nie, sich von eisiger Unerbittlichkeit einnehmen zu lassen, die dem andern nicht gut sein kann und sich darin erschöpft, alle zu verurteilen, die sich nicht auf denselben Weg begeben. Wäre einfacher Lebensstil gleichbedeutend mit Griesgram – wie könnte er das Evangelium erschließen? Der Geist der Einfachheit zeigt sich in Zeichen ungetrübter Freude und auch in einem heiteren Herzen. Vereinfachen lädt ein, das Wenige, das man hat, so zu gestalten, wie es der einfachen Schönheit der Schöpfung entspricht.

22. Januar

Der auferstandene Christus erwartet, dass Feuer und Geist mit fast nichts, zuallererst durch die Hingabe unseres Lebens in uns spürbar werden.[10] Mögen wir auch ganz arm sein – löschen wir das Feuer, löschen wir den Geist nicht aus![11] In ihnen entzündet sich das Staunen einer Liebe ... und das schlichte Vertrauen des Glaubens springt wie Feuer vom einen zum andern über.

23. Januar

Jesus, unsere Zuversicht,
dein Evangelium birgt eine so herrliche Hoffnung,
dass wir in der Hingabe bis zum Äußersten
gehen möchten, um dir nachzufolgen.
Und unausweichlich stellt sich die Frage:
Wo liegt die Quelle einer solchen Hoffnung?

Sie liegt darin, dass wir uns dir, Christus, überlassen.

24. Januar

In Taizé sagte eines Tages ein Kind: „Mein Vater hat uns verlassen. Ich sehe ihn nie, aber ich liebe ihn noch immer, und abends bete ich für ihn." Ohne es zu wissen, lebte das Kind vom Wunder der Herzensgüte.

25. Januar

Wer mit arglosem Herzen die Versöhnung sucht, vermag durch verhärtete Verhältnisse zu gehen, wie Schmelzwasser sich im ersten Frühling den Weg durch noch gefrorene Erde bahnt.

26. Januar

Ein orthodoxer Theologe aus Bukarest, Vater Staniloae – er war einige Zeit aus politischen Gründen inhaftiert –, schreibt wesentliche Worte, die man am liebsten auswendig lernen möchte: „Ich suchte Gott in den Menschen meines Dorfes, dann in Büchern und in den Ideen. Aber ich fand dabei weder Frieden noch Liebe. Eines Tages entdeckte ich beim Lesen der Kirchenväter, dass eine wirkliche Begegnung mit Gott im Gebet möglich ist. Allmählich begriff ich, dass Gott nahe war, dass er mich liebte, und dass sich mein von seiner Liebe ergriffenes Herz für die anderen öffnete. Ich begriff, dass die Liebe Gemeinschaft mit Gott und mit den anderen ist. Und dass ohne diese Gemeinschaft alles nur Traurigkeit und Trostlosigkeit ist.“[12]

27. Januar

Heiliger Geist, geheimnisvolle Nähe,
du überflutest uns mit unerschöpflicher Güte.
Durch sie entfaltest du in uns
ein Leben schlichten Vertrauens ...
und es wird uns leicht ums Herz.

28. Januar

Selbstbeherrschung aus Liebe zu den anderen erfordert Umsicht. Es kann etwas kosten, um der anderen und unsretwillen inneren Frieden zu bewahren: Sich nicht von Gefühlsregungen oder Eindrücken überwältigen lassen, die so stark sind, dass nicht selten die Phantasie mit einem durchgeht.

29. Januar

Wenn Finsternis und Zweifel dir zusetzen – warum sie nicht auf Abstand halten? Allzu oft sind sie nur blinde Flecken der Ungläubigkeit, weiter nichts. Betrachte dich nicht länger als dürres Land. Wenn Sein Tau fällt, Tränen der Frühe, wird in der Wüste deiner Seele ein Durst gestillt.

30. Januar

Klafft in uns ein Abgrund an Furcht und Zweifel? Freude! Innige Freude! Der Abgrund an Sorgen in uns ruft nach einem anderen Abgrund[13], nach dem unerschöpflichen Erbarmen Seiner Liebe. Erstaunt erkennen wir, wie nahe das Vertrauen war; nur ahnten wir es oft nicht.

31. Januar

Jesus Christus, wenn wir denken,
dass wir allein sind, bist du da.
Regt sich in uns ein Zweifel,
liebst du uns deshalb nicht weniger.
Christus, wir möchten es wagen,
um deinetwillen Risiken einzugehen.
Wir hören auf dein Wort:
„Wer sein Leben aus Liebe hingibt,
wird es wiederfinden."[14]

Februar

1. Februar

Nichts ist schöner als ein Gesicht, das durch ein bewegtes Leben mit Freuden und Leiden, mit Kämpfen und innerem Frieden von innen her leuchtet.

2. Februar

Als Maria und Josef Jesus in den Tempel bringen, können sie nur zwei Tauben opfern.[1] Sind nicht auch wir Arme des Evangeliums, Menschen, die oft genug tastend nach Gott suchen? Und ruht der Blick Gottes nicht auf dem, was in uns zerbrechlich ist?

3. Februar

Gott des Friedens,
du willst nicht, dass wir uns mit Sorgen quälen,
sondern schlicht im Herzen bereuen.

Reue ist wie ein befreiender Schritt des Vertrauens,
mit dem wir dir unsere Lasten
anheim geben können.
Und im Licht der Vergebung finden wir
Frieden im Herzen.

4. Februar

Viele Christen schöpfen im Gebet den Mut, verantwortliche Aufgaben zu erfüllen. Sie halten sich an die Quellen Christi und leben ihren Glauben als Wagnis.

5. Februar

Teresa von Ávila und Johannes vom Kreuz saßen eines Tages zusammen beim Essen. Es wurden Weintrauben gereicht. Johannes vom Kreuz meinte: „Ich esse keine. So viele Menschen bekommen nie Trauben." Teresa von

Ávila antwortete: „Ich esse welche, um Gott für diese Trauben zu preisen."

6. Februar

Christus voll Erbarmen,
dein Evangelium macht uns deutlich,
wie abwegig es ist zu beurteilen,
was wir sind oder nicht sind.
Das Wesentliche liegt
im schlichten Vertrauen des Glaubens.
Mit ihm können wir begreifen,
dass „Gott nur seine Liebe schenken kann".

7. Februar

Glücklich, wer in unbequemer Lage sich zu sagen wagt: „Ich bin wie ein Vogel, der im Dornbusch singt."[2] Lädt nicht das Evangelium ein, den Heiligen Geist gerade dort zu empfangen, wo in uns das Herz der Kindheit schlägt?

8. Februar

Du folgst Christus nach – wundere dich nicht über sein Wort: „Wer die Hand an den Pflug gelegt hat, kann nicht zurückblicken."[3] Er lädt dich ein, Bitterkeit und Bedauern abzulegen, alles, was ein Ja von Ewigkeit zersetzt. Kann so ein Ja erschlaffen? Hält es dich nicht ein Leben lang wach?

9. Februar

Meinen wir, dass wir Christus aufgegeben haben? Er gibt uns nicht auf. Denken wir, dass wir ihn im Stich gelassen haben? Er ist anwesend. Darin liegt das Unerwartete. Darin liegt das Unverhoffte.

10. Februar

Jesus, unsere Zuversicht,
seit deiner Auferstehung erhellst du uns
durch ein inneres Licht.
Deshalb können wir zu dir sagen:
Ohne dich gesehen zu haben, lieben wir dich;
ohne dich jetzt zu sehen, glauben wir,
und du willst über uns
eine unsagbare Freude ausgießen,
die uns schon verklärt.[4]

11. Februar

Wenn Schüchternheit einen daran hindert, um Verzeihung zu bitten, warum nicht eine ganz einfache Geste wagen, die ohne Worte auskommt: die Hand hinhalten, damit der andere auf sie das Zeichen des Verzeihens, das Kreuzzeichen, macht?

12. Februar

Im Gebet lässt sich finden, wo unsere Seele ausruhen kann. Und es zeigt sich, was unseren Augen verborgen ist: Christus begleitet uns stets durch die geheimnisvolle Gegenwart seines Heiligen Geistes. Auch wenn wir bedrückt sind, können wir im Herzen wieder singen: „Dein Erbarmen hat mich besucht."

13. Februar

Christus, du hast dich
mit jedem Menschen, ohne Ausnahme, vereint,
auch wenn er sich dessen nicht bewusst ist.
Mehr noch: Als der Auferstandene kommst du
und heilst die geheime Wunde der Seele.
Und es öffnen sich für jeden Menschen
die Tore herzlichen Erbarmens.

14. Februar

Der Frieden beginnt in uns selber. Schon im 4. Jahrhundert sagte Ambrosius von Mailand: „Beginnt in euch selbst das Werk des Friedens und gebt, wenn ihr zum Frieden gefunden habt, den Frieden anderen weiter.“[5]

15. Februar

In die Gemeinschaft der Liebe, den Leib Christi, seine Kirche, schleichen sich manchmal Inkonsequenzen ein. Sie verursachen viel Leid. Werden wir deshalb fliehen? Nein, niemals. Wir können nur eines tun: herbeieilen und eine Erneuerung im Volk Gottes mittragen.

16. Februar

Der Geist des Kindseins, der Geist der Einfachheit, gemäß dem Evangelium hat nichts Naives an sich; Einfachheit geht mit der Gabe der Unterscheidung Hand in Hand. Sie erfordert Reife. Sie ist nicht einfältig, sondern lässt sich von ungetrübter Einsicht leiten.

17. Februar

Jesus, unser Frieden,
durch den Heiligen Geist kommst du immer zu uns.
Und zutiefst in unserer Seele rührt sich Staunen
über eine Gegenwart.
Unser Gebet kann ganz arm sein,
aber du betest auch noch
in der Stille unseres Herzens.

18. Februar

Zweifel können zersetzend sein. Sie sind imstande, den Menschen einen Schacht hinunterzustoßen. Aber es bleibt von oben her ein Licht. Die Dunkelheit ist nicht vollkommene Nacht, ist keine Finsternis. Sie überwältigt den Menschen nicht ganz und gar. Das Licht Christi durchdringt sie.

19. Februar

Beim Aufschlagen des Evangeliums kann einem der Gedanke kommen: Die Worte Jesu gleichen einem uralten Brief, der mir in einer unbekannten Sprache geschrieben wurde. Da Christus, jemand, der mich liebt, ihn an mich richtet, versuche ich, den Sinn zu verstehen, und ich werde das Wenige, das ich begreife, in die Tat umsetzen.

20. Februar

Auferstandener Jesus,
in deinem Evangelium entdecken wir
eine ganz klare Hoffnung;
sie stärkt unseren Glauben,
selbst in scheinbar ausweglosen Lagen.
Eine solche Hoffnung entwirft die Welt neu.

21. Februar

Welches Lebensglück sind die Kinder! Was können manche von ihnen nicht alles vermitteln, bis dahin, Widerschein der unsichtbaren Gemeinschaft zu sein ...

22. Februar

Es gibt Christen in der Ostkirche, denen das Namen-Jesu-Gebet viel bedeutet. Die Wiederholung des bloßen Namens „Jesus“ schenkt manchen die Fülle einer Gemeinschaft. Überall auf der Erde beten andere Christen unendlich oft mit ein paar Worten: „Jesus Christus, inneres Licht, lass nicht zu, dass meine Finsternis zu mir spricht, lass mich deine Liebe empfangen." Oder sie sprechen das alte Gebet: „Nichts soll dich verwirren, Gott allein genügt." Oder aber sie beten in jeder Lage zu Christus: „Eines nur ist mein Verlangen: Dir, Christus, hinzugeben, was ich bin." Und eine Erwartung findet Erfüllung.

23. Februar

Wer Christus durch ein lebenslanges Ja nachfolgen möchte, weiß wohl, dass er mancherlei innere Gebrechen hat. An Tagen, an denen das Vertrauen zu zerrinnen scheint, ruft er sich die Worte des Evangeliums in Erinnerung: „Komm und folge mir nach, und du wirst finden, wo dein Herz ausruhen kann."[6]

24. Februar

Jesus Christus, Retter allen Lebens,
du willst nicht, dass auch nur ein Mensch
in Angst lebt.
Du erhellst das Geheimnis menschlichen Leidens,
indem du uns den Trost bringst,
den der Heilige Geist spendet.

25. Februar

Ein verwundetes oder gedemütigtes Herz findet Frieden, wenn es, ohne einen Augenblick zu warten, Gott die Menschen anvertraut, die es verletzt oder misshandelt haben.

26. Februar

In unserem Leben treffen wir Entscheidungen, die unmittelbar dem Evangelium entspringen: verzeihen, versöhnen, darum kämpfen, treu zu bleiben. Fällen wir sie um Christi willen, bedeuten sie ihm, dass wir ihn lieben.

27. Februar

Zwei Jahrhunderte nach dem Tod Jesu schrieb ein Glaubender: „Die Berufung, die Gott den Christen aufträgt, ist so schön, dass sie nicht vor ihr fliehen können."[7] Wovor fliehen? Vor den verantwortlichen Aufgaben, die einem von den Quellen des Glaubens her zuwachsen.

28. Februar

Jesus, unsere Hoffnung,
mögen wir auch zerbrechlich und hilflos sein,
vor allem wollen wir begreifen, dass du uns liebst.
Du bist Licht auf dem Weg,
der uns zum Erbarmen des Herzens führt.
Wie zu deinen Jüngern, sagst du auch zu uns:
Wendet euch Gott zu, glaubt an das Evangelium.

29. Februar

Gibt es ohne Verzeihen oder Versöhnung eine Zukunft für den Menschen? Und welche Zukunft haben ohne Versöhnung die Christen?

März

1. März

Wir wissen, dass Einfachheit und Güte des Herzens in unserem Leben als Communauté unerlässliche Werte sind. Sie gehören vielleicht zum klarsten Ausdruck der Schönheit einer Gemeinschaft.

2. März

Welcher Umsicht bedarf es, niemand ein Etikett an die Stirn zu heften! Wer sich vom anderen ein unverrückbares Bild macht, kann bei ihm einen beträchtlichen Teil der inneren Entwicklung zum Stehen bringen.

3. März

Jesus Christus,
von Anfang an warst du in Gott.[1]
Seit Beginn der Menschheit
warst du lebendiges Wort.
Du bist gekommen und hast uns das schlichte
Vertrauen des Glaubens nahe gebracht.
Es kommt der Tag,
an dem wir sagen können:
Ich gehöre Christus,
ich bin aus Christus.

4. März

Manche Christen verstört es zutiefst, wenn ihnen jemand vorhält, ihr Glaube bewege sich in einer Scheinwelt. Zweifel können sie beschleichen. Zweifel brauchen uns aber nicht aus der Fassung zu bringen. Innere Freiheit bahnt den Weg vom Zweifel zum

Vertrauen. Jedem Menschen sagt das Evangelium jederzeit: „Suche, suche, und du wirst finden."

5. März

Gibt es in unserem Leben eine Dürrezeit? Unablässig sucht Gott nach uns. Und wir entdecken ihn wie neu. Auch wenn er abgewiesen wurde, weigert er sich nie, uns zu begleiten. Und wie der Mandelbaum im Licht des Frühjahrs zu blühen beginnt, bringt Christus selbst die Wüsten der Seele zum Blühen.

6. März

Mit dir, Christus,
gehen wir vom Schatten zum Licht.
Und der Heilige Geist kommt
und erfüllt unser Herz mit Frieden.

7. März

Im Gebet entsteht nicht immer ein Hochgefühl der Liebe zu Christus. Wenn der Eifer nachlässt, kommen Augenblicke, in denen deutlich wird: Nicht er, der Auferstandene, hat sich entfernt – ich bin abwesend.

8. März

Vertrauen zu Christus kann schon in der Kindheit wahrgenommen werden. Ein Kind zu einem Ort des Gebetes begleiten, mit ihm vor einer Ikone verweilen – und vielleicht fällt der Lichtstrahl einer unsichtbaren Gegenwart in sein Leben. Eine Flamme entzündet sich. In naher oder ferner Zukunft mag sie im Innersten seines Herzens brennen.

9. März

Wer ein Glück um jeden Preis sucht, bringt sich häufig darum. Erwarten nicht jeden, der es wagt, sein Leben aus Liebe zu Christus zu geben, Frieden im Herzen und ungetrübte Freude?

10. März

Gott aller Barmherzigkeit,
du versenkst unsere Vergangenheit in Christi Herz
und nimmst dich unserer Zukunft an.

11. März

Niemals ruft das Evangelium zur Trübsal auf. Niemals sieht es für den Menschen schwarz. Ganz im Gegenteil: Es will uns stille Freude nahe bringen.

12. März

Es gibt Menschen, für die Gott so blendend hell ist, dass sie wie von Blindheit befallen werden und sich für Agnostiker halten. Sie kennen vor allem Gottes Schweigen.

13. März

In allem ein innerer Friede. Der Frieden in unserem Herzen stärkt in den Menschen um uns herum die Gabe der Versöhnlichkeit. Der Friede des Herzens erschließt unbeschwerte Freude. Sie ist eine ihrer Quellen.

14. März

Jesus Christus, du rufst uns,
unser Leben aus Liebe zu geben.[2]
In jedem Menschen gibt es
größere oder kleinere dunkle Stellen,

wohnt aber auch deine Gegenwart,
dein Heiliger Geist.

15. März

Eines bleibt für uns unfassbar: Wir sind zerbrechlich wie Tongefäße – warum hat Gott uns berufen, Träger der Hoffnung Christi zu sein? Weil das helle Leuchten von Gott, nicht von uns kommt.[3]

16. März

„Gott kann nur seine Liebe schenken." (Isaak von Ninive) Vor allem erwartet er, dass wir uns ihm überlassen. Und dann: welche Entdeckung! Sein Erbarmen weckt wieder unversiegbare Güte zutiefst im Herzen.

17. März

Heiliger Geist, sind wir in Gemeinschaft mit dir,
hast du schon in uns gehandelt,
auch wenn ein Gebet scheinbar nicht erhört wurde.

18. März

Wer in Gemeinschaft mit Jesus Christus lebt und von einem Neubeginn zum andern geht, heftet den Blick weder auf die eigenen Fortschritte noch auf die Rückschritte. Die Saat des Evangeliums, die in die Tiefe des Menschen gelegt wurde, keimt und wächst bei Tag und Nacht.[4]

19. März

Verflüchtigt sich die Freude des Evangeliums aus unserem Leben, wenn uns die Not ans Herz geht? Wer innere Qualen bis zum Äußersten durchleidet, kann wieder in die Freude des Evangeliums eingehen. Sie ist Trost in der Tiefe des Menschen.

20. März

Jesus, unser Friede,
dein Heiliger Geist ist ein Feuer,
das niemals sagt: Es ist genug.[5]
Wie über die Jünger nach deiner Auferstehung
hauchst du denselben Geist über jeden von uns.

21. März

Selbst das Tal der Tränen kann zum Quellgrund werden.[6] Dann sind wir frei, Menschen und Dinge mit einen Blick voll Poesie zu sehen ... frei, schon auf der Erde den Morgen eines Lebens wahrzunehmen, das kein Ende kennt.

22. März

Wenn die Veränderungen in der Gesellschaft sich beschleunigen, kann die Generation der älteren Menschen in missliche Situationen geraten. Sie bedarf des Mitgefühls, ja manchmal des Trostes. Wie die Zukunft gestalten, ohne dabei die ältere Generation in einen Abgrund quälender Sorgen zu stoßen?

23. März

Wenn sich in der Seele Schweigen einstellt, heißt in Gott ausruhen schon an die Oase kommen, wo unser Durst gestillt wird.

24. März

Jesus, unsere Hoffnung,
du kommst und machst uns
zu Geringen des Evangeliums.
Es liegt uns daran zu begreifen,
dass das Beste in uns
durch schlichtes Vertrauen wächst;
schon ein Kind bringt es auf.[7]

25. März

Wer den Ruf des Evangeliums zu einem lebenslangen Ja vernimmt, steht manchmal vor der Frage: Wie werde ich durchhalten?

Das Ja fasziniert; gleichzeitig kann das Ja erschrecken. Man zögert. Eines Tages aber stellt man erstaunt fest, dass man den Weg der Nachfolge Christi eingeschlagen hat: Der Heilige Geist hatte das Ja schon auf den Grund der Seele gelegt. Und man kann Marias Antwort nachvollziehen: „Mir geschehe nach deinem Wort.“[8]

26. März

Es gibt Wüsten im Herzen. Aber vielleicht weniger als man denkt! Ist der Heilige Geist, der Tröster, nicht in jedem Menschen?

27. März

Der Blick zurück auf das, was uns verletzt hat, das müßige Verweilen bei den Misserfolgen lähmt bis in die Fasern der Seele. Wenn wir aber wieder neu anfangen, vollbringt der

Heilige Geist ein Wunder: Er befreit, er läutert, er macht uns zu Menschen, die lieben.

28. März

Heiliger Geist, Tröster,
glücklich, wer sich stets neu dir zuwendet!
Und wenn wir, auch ohne Worte,
dir unser eigenes Leben und
das der anderen übergeben,
wird uns die ersehnte Antwort
aus dem Evangelium zuteil.

29. März

Wegblasen, was uns an manchen Tagen schmerzt, wie ein Kind ein verwelktes Blatt fortbläst. Sich nicht an Sorgen klammern wie mit der Hand an einen Dornenzweig, sondern loslassen und sich bei Christus bergen.[9]

30. März

Wo wir auch sind – unermüdlich sucht uns der auferstandene Christus. Hören wir ihn an die Tür unseres Herzens klopfen, wenn er zu uns sagt: Komm, folge mir nach?[10]

31. März

Jesus, unser Friede,
du möchtest für uns alles sein.
Wenn die Versuchung uns einreden will,
dich zu verlassen,
betest du in uns, Christus,
arm und demütig von Herzen.

Ostern und Pfingsten

Gründonnerstag

Am Abend vor seinem Martertod am Kreuz zieht sich Jesus zurück und betet im Garten Getsemani. Wie seine Jünger fragt er auch uns: Bleibt ihr bei mir, um zu wachen und zu beten?[1]

Karfreitag

Wenn unser Blick auf dem Angesicht Jesu am Kreuz weilt, möchten wir zu ihm sagen:

Retter aller Menschen, du hast erlebt,
was es heißt zu scheitern.
Du wurdest misshandelt,
aber du hast niemandem gedroht.[2]
Und du trägst unsere Drangsal.[3]

Karsamstag

Jesus Christus, du steigst bis auf den Tiefpunkt
unseres Menschseins hinab. Mehr noch:
du suchst alle auf,
die gestorben sind, ohne dass sie auf der Erde etwas
von dir wussten.[4]

Ostersonntag

Jesus, unsere Freude,
durch deine Auferstehung –
mag sie auch nur eine schwache Flamme
in uns entzünden –
finden wir zur Gemeinschaft mit dir.
Und durch dein Evangelium begreifen wir,
dass du nicht nur für einen Teil der Menschheit
auf die Erde gekommen bist,
sondern für alle Menschen,
auch für die, denen nicht bewusst ist,
dass du in ihnen gegenwärtig bist.

Pfingstsonntag

Jesus, unser Friede,
was du auf der Erde für die Deinen warst,
bist du durch den Heiligen Geist
ebenso für uns heute.
In deinem Evangelium versicherst du uns:
Ich werde euch niemals allein lassen,
ich werde euch den Heiligen Geist senden,
er wird Stärkung und Trost sein,
er wird immer bei euch bleiben.[5]

April

1. April

Wäre Christus nicht auferstanden, wäre er heute nicht unter uns gegenwärtig. Er wäre eine von vielen bemerkenswerten Persönlichkeiten in der Menschheitsgeschichte. Aber wir könnten nicht in ihm Gemeinschaft finden, nicht im Gebet mit ihm Zwiesprache halten.

2. April

Freude und Friede des Herzens sind unvergleichliche Werte für die Nachfolge Christi. Angst und quälende Unruhe können das Vertrauen des Glaubens zersetzen.

3. April

Gott, unser Vater,
im schlichten Gebet denken wir an das Wort,
das ein Glaubender zu Jesus sagte:
„Ich glaube, Herr, aber hilf meinem Unglauben."[1]
Wenn in uns ein Stück Unglauben bleibt,
stärkt deine Barmherzigkeit unseren Glauben.

4. April

Wer in seiner Jugend dem Tod nahe war, ahnt es: Mehr als der Körper ist das Innerste des Menschen auf Heilung angewiesen. Aus einer leidvollen Kindheit oder Jugend kann die Kühnheit erwachsen, für das Evangelium Wagnisse einzugehen. Nahe ist das Vertrauen ...

5. April

Es kann so weit kommen, dass wir Jesus Christus fragen: Was geht nur in mir vor? Warum gibt es Zeiten, in denen meine Ausdauer erlahmt? Wie kann ich auf der Suche nach dir bei Angeboten hängen bleiben, die dem Evangelium fremd sind? Löse das Rätsel, das ich mir selber bin!

6. April

Beunruhigen wir uns nicht, wenn sich im Gebet tiefe Empfindungen nur schwer in Worte kleiden lassen. In einem Gebet ganz aus Schweigen ruhen wir in Gott aus – an Leib, Seele und Geist.

7. April

Jesus, Freude unserer Herzen,
als Armer und auch als der Auferstandene
bleibst du an unserer Seite.
Du willst uns nicht zu halbherzigen,
sondern zu lebendigen Menschen machen.
Sooft zwischen uns und dir ein Abstand entsteht,
lädst du ein, deine Nähe zu entdecken,
die uns allen ohne Ausnahme gilt.

8. April

Am Abend des Auferstehungstages nähert sich Jesus zwei Jüngern, die zum Dorf Emmaus unterwegs sind. Aber sie erkennen nicht, dass es der Auferstandene ist, der neben ihnen geht.[2] Es gibt im Leben Momente, in denen das Bewusstsein verlorengeht, dass der Auferstandene uns durch den Heiligen Geist begleitet. Erkannt oder nicht: Er ist da, auch dann, wenn nichts darauf schließen lässt.

9. April

Könnten wir schlicht glauben und begreifen, dass Christus, der Auferstandene, zuallererst Gemeinschaft ist ... Er ist nicht gekommen, um eine neue Religion zu stiften, sondern damit jeder Mensch am Geheimnis der Gemeinschaft in seinem Leib, seiner Kirche, teilhaben kann.

10. April

Auferstandener Jesus,
du nimmst die Menschen,
die uns vorausgegangen sind,
in das Leben auf, das kein Ende kennt.
Sie schauen bereits das Unsichtbare;
und sie bleiben uns manchmal ganz nahe.

In leidvollen Stunden
liebst du uns nur noch mehr.
Und du tröstest, du linderst
durch deinen Heiligen Geist.

11. April

Wie viele Männer und Frauen meinen, dass sie nie genug für die ihnen anvertrauten Menschen tun! Und sie verurteilen sich selbst. Sollten sie das Wort des Johannes vergessen haben: „Wenn das Herz uns auch verurteilt, Gott ist viel größer als unser Herz"?[3]

12. April

Wer hat Augen für die Angst unschuldiger Menschen: die Kinder, die von zerbrochenen Beziehungen, von Verlassenheit gezeichnet sind, und auch die betagten Menschen, die zu unerträglicher Vereinsamung verurteilt sind? Wer geht auf sie zu?

13. April

Gott macht uns zu lebendigen Zeichen Christi. Durch das Evangelium begreifen wir, dass er uns dazu aufruft, mit unserem Leben einen Widerschein seiner Liebe weiterzutragen.

14. April

Christus, wenn du, wie im Evangelium,
uns fragst: „Liebst du mich?“,
stammeln wir die Antwort:
Christus, du weißt, ich liebe dich,
vielleicht nicht so, wie ich möchte,
aber ich liebe dich.[4]

15. April

Wer Christus in seinem Ostergeheimnis begleitet, kann in härtester Bedrängnis ungetrübte Freude finden. Schweres Leiden vermag das Herz zu brechen, aber nicht es zu verhärten.

16. April

Wenn ein Mensch die Schönheit der Schöpfung entdeckt, kann er, und sei es nur im Ansatz, ergriffen werden. Ist Kontemplation nicht der Seelenzustand tiefer Ergriffenheit vom Staunen einer Liebe, von der unermesslichen Schönheit des lebendigen Gottes?

17. April

Gott aller Liebe,
warum sollten wir darauf warten,
dass unser Herz sich ändert,
bevor wir zu dir kommen?
Du verklärst es.
Noch in unseren Wunden lässt du
Gemeinschaft mit dir wachsen.
Und in uns tun sich die Tore des Lobpreises auf.

18. April

Ein Glaubender in Bangladesh sagte mit Blick auf die Menschen in seiner Umgebung, die nichts von Christus wissen: „Mag sein, dass das Feuer der Liebe Gottes, wenn es in uns ist, auf die Menschen um uns abstrahlt, ohne dass wir es vermuten."

19. April

In seinem Leben auf der Erde ist Jesus darauf angewiesen, dass ein Mensch zu ihm sagt: Du weißt, dass ich dich liebe. Dreimal fragt er Petrus: „Liebst du mich?“[5] Jedem stellt Christus diese alte und stets neue Frage: Liebst du mich? Und jeden bittet er, sich den Menschen zuzuwenden, die er ihm anvertraut.

20. April

Die innere Stille und der Friede des Herzens lassen nie den Ruf nach menschlicher Solidarität verhallen, der geradewegs aus dem Evangelium kommt.

21. April

Heiliger Geist, geheimnisvolle Nähe,
du hauchst über uns einen leichten Wind,
Frische für die Seele.
Und das Unerwartete geschieht:
Wir machen uns neu auf den Weg –
vom Zweifel zur Klarheit deines Lichts.

22. April

„Wo die Liebe wohnt, ist Gott." Seien wir uns nicht gram, wenn wir nichts davon spüren. Wo lebendige Barmherzigkeit wohnt, ist Gott da, in Fülle.

23. April

Wenn uns Minderwertigkeitsgefühle überkommen, können wir eine überraschende Entdeckung machen: Weder aufsehenerregende

Gaben noch müheloses Gelingen tun uns eine Fülle auf, sondern lebendige Liebe.

24. April

Jesus, unsere Freude,
wenn wir still, ohne Worte beten,
ist das schlichte Verlangen nach deiner Nähe
schon der Anfang des Glaubens.
Und in unserem Leben brechen Quellen auf:
die Güte und die Selbstlosigkeit,
die aus dem Heiligen Geist hervorgehen.

25. April

Wissend, wozu das Evangelium aufruft, kommen manche ins Zweifeln und fragen sich: Ist mein Glaube stark genug? Aber nicht unser Glaube erschafft Gott, und ebenso wenig wird die Existenz Gottes durch unsere Zweifel beendet.

26. April

Christus macht uns nicht zu Menschen, die alles erreicht haben. Er bewahrt uns in seiner Nähe, klar wie der Himmel im Frühjahr, wie einen anbrechenden Frühling.

27. April

Auch des Nachts gehen wir zur Quelle. Zutiefst in ihr schimmert lebendiges Wasser, an dem unser Durst gestillt wird. Ist auch das die Seele des Menschen: geheimer Herzschlag kaum beschreibbaren Glücks?

28. April

Auferstandener Jesus,
manchmal rufen wir im Innersten zu dir,
wie der Glaubende im Evangelium:
Ich bin nicht würdig, dass du bei mir eintrittst,

aber sprich nur ein Wort, und ich bin geheilt.[6]
Auf der Talsohle unseres Lebens
ist dein Evangelium in uns Licht,
ist deine Eucharistie in uns Gegenwart.

29. April

Wenn die Begeisterung, Christus nachzufolgen, zu erlahmen scheint, kann man sich nur noch dem Heiligen Geist überlassen, ihm alles anheim geben, alles anvertrauen. Es komme wieder der Tag, an dem Herz und Sinn wie Land sind, das nach ihm dürstet ... Wir hatten Christus zwar vergessen, aber nicht aufgehört, ihn zu lieben.

30. April

Ist Missmut ansteckender als innerer Frieden? Manche sehen überall schwarz und meinen, dadurch Einfluss und Ansehen zu gewinnen. Aber wird dabei nicht ein Schatz des Evangeliums preisgegeben? Welcher? Das Staunen, die Einfachheit.

Mai

1. Mai

Glücklich, die im Vertrauen des Glaubens leben, sie werden Gott schauen![1] Wie werden sie ihn schauen? Nicht in einer Vision, sondern wie Maria, die sorgfältig „alles in ihrem Herzen bewahrte“[2] und Gott inwendig schaute.

2. Mai

Gott aller Ewigkeit,
du weißt, Menschen können nur schwer
in Worte fassen,
wie sehr sie darauf warten,
mit dir in Gemeinschaft zu sein.
Du schenkst uns die Gabe deiner unsichtbaren
Gegenwart.
Und Vertrauen bricht an wie ein neuer Tag.

3. Mai

Im vierten Jahrhundert sah Ambrosius, Bischof von Mailand, mit brennender Sorge, wie viel Besitz manche Christen aufhäuften. Er schrieb an sie: „Die Erde wurde als gemeinsames Gut für alle erschaffen. Die Natur kennt keine Reichen. Du gibst dem Armen nicht etwa von deinem Besitz, sondern erstattest ihm einen Teil des seinen zurück."[3]

4. Mai

Der Mensch hat etwas Zerbrechliches und etwas hell Leuchtendes, etwas Abgründiges und etwas Erfülltes in sich; er ist nicht in den Fängen der Verzweiflung. Auch in einem hart geprüften Leben lässt sich Hoffnung wahrnehmen.

5. Mai

Jesus, Licht des Herzens,
wir möchten dich nie am Wegrand zurücklassen.
Wenn wir dich unsere Zerbrechlichkeit
verklären lassen,
werden in uns ungeahnte Kräfte frei.

6. Mai

Liebst du nur die, die dich lieben? Das gelingt fast allen; dazu braucht man das Evangelium nicht. Christus aber ruft fast unbegreiflicherweise dazu auf, sogar die Menschen zu lieben, die dir Böses tun, und für sie zu beten.[4]

7. Mai

Wer die Menschheitsfamilie aufbauen will, kann nicht davon absehen, dass ganze Völker heute die geheimnisvolle Gestalt des „leidenden Knechts“ in der Bibel haben: Sie werden verachtet und gemieden, sie sind unansehnlich; aber es sind *unsere* Krankheiten, die sie tragen.[5]

8. Mai

Wohin mit der Zerstreutheit im Gebet? Keine Sorge. Gott kennt unsere Erwartung. Deutlicher als wir nimmt er wahr, was uns im Innersten bewegt.

9. Mai

Jesus, unser Friede,
du lässt uns den Weg im Glauben gehen,
lässt uns glauben, ohne gesehen zu haben.[6]
Und wir leben in der Erwartung
eines inneren Lichts, das für alle da ist.

10. Mai

Ist es angesichts der alten und ganz neuen Spaltungen heute für die Christen nicht dringend, sich aus Liebe zu versöhnen? Wer kann sich verweigern, wenn Christus ruft? Wie kann man sein Wort vergessen: Versöhne dich ohne Aufschub?[7] Ist unser Herz weit, unsere Phantasie offen genug, sich auf diesen Weg des Evangeliums einzulassen: als Versöhnte zu leben, ohne einen Tag länger zu warten?

11. Mai

Du möchtest dem auferstandenen Christus nachfolgen und fragst dich, an welchem Zeichen du erkennst, dass du ihm begegnet bist. Kannst du begreifen, dass er immer zutiefst in dir lebt, mitten in deinem Herzen?

12. Mai

Jesus Christus,
du bist nicht auf die Erde gekommen,
um die Welt zu verurteilen,
sondern damit durch dich, den Auferstandenen,
jeder Mensch auf einen Weg der Gemeinschaft findet.[8]
Und wenn die Liebe bereit ist, zu verzeihen,
lebt auch ein leidgeprüftes Herz wieder auf.

13. Mai

Aus dem Evangelium wissen wir, dass der auferstandene Christus uns immer begleitet.[9] Wir können ihn bitten: Zeige uns den Weg. Und er antwortet: Ich bin da. Wir sagen zu ihm: Du begreifst mein Gebet, es kommt dem eines Kindes ganz nahe. Und in uns bleibt das Verlangen, ganz einfach zu beten.

14. Mai

Kein Resignieren, sondern tief innerliches Vertrauen: sich dem Heiligen Geist überlassen und immer und immer wieder ihm anheim geben, was uns bedrückt.

15. Mai

Schlimme Ereignisse einfach über sich ergehen lassen? Nein, vielmehr in sie einwilligen. Und manchmal wird es möglich, an einer Anfechtung zu wachsen ...

16. Mai

Jesus Christus,
du lässt uns niemals in eine Mutlosigkeit taumeln,
sondern ermöglichst uns Gemeinschaft mit dir.
Mag es für jeden Menschen
leidvolle Prüfungen geben –

vor allem ist da ein Erbarmen,
das von dir kommt.
Es belebt uns neu.

17. Mai

Soll man sich darüber Sorgen machen, dass man nicht ständig an Gott denkt? Vor siebenhundert Jahren schrieb Meister Eckhart: „Sich Gott zuwenden ... heißt nicht, fortwährend an Gott zu denken. Das wäre unmöglich ... und im Übrigen gar nicht das Beste. Der Mensch kann sich nicht mit einem Gott zufrieden geben, an den er denkt. Sonst würde mit dem Gedanken, der verfliegt, auch Gott sich verflüchtigen ... Gott ist jenseits der Gedanken des Menschen. Und die Wirklichkeit Gottes ist unvergänglich.“[10]

18. Mai

In uns ein Widerschein Christi. Unnütz, herausfinden zu wollen, wie er beschaffen ist. Es gibt so viele Menschen auf der Erde, die die Heiligkeit Christi ausstrahlen und es nicht wissen, vielleicht manchmal auch nicht wagen, daran zu glauben.

19. Mai

Gott der Barmherzigkeit,
komm, wenn uns das unbegreifliche Leiden
Unschuldiger aus der Fassung bringt.
Lass uns so leben,
dass man auf der Erde einen Widerschein
des Mitleidens Christi wahrnehmen kann.

20. Mai

Wer im Herzen einfach ist, steht dazu, dass er nicht alles vom Evangelium begreift. Er kann zu Gott sagen: Ich stütze mich nicht nur auf meinen eigenen Glauben. Was ich nicht erfasse, begreifen andere, und sie sind mir Licht auf dem Weg.

21. Mai

Manche alte Menschen, die nicht auf das Ihre bedacht sind, sind für die junge Generation unersetzlich. Sie hören zu und nehmen dadurch bedrückende Sorgen ab. Geistliche Mütter und Väter im Sinn des Evangeliums lassen sich hundertfach finden.

22. Mai

In den siebziger Jahren haben die Erschütterungen in der Gesellschaft manche Christen in ihren innersten Überzeugungen verletzt. Viele unerbittliche Urteile wurden gefällt, unzählige harte Worte fielen. Unter diesem Eindruck vermochten manche nicht mehr an den Wert dessen zu glauben, was sie bis dahin gelebt hatten. In Taizé sagten wir uns damals: Die Christen können nicht „Meister der Verstörung“ sein, sondern nur „Diener des Vertrauens“.

23. Mai

Dich, Christus, suchen heißt:
auch in der tiefsten Einsamkeit deine Nähe entdecken.[11]
Glücklich, wer sich dir überlässt.
Glücklich, wer sich dir mit einem Herzen voll Vertrauen nähert.[12]

24. Mai

Wenn die Kirche unermüdlich zuhört, heilt und die Versöhnung lebt, wird sie zu dem, was sie ist. Wo es in ihr am hellsten leuchtet, wird sie zu einer Gemeinschaft der Liebe, des Erbarmens und des Trostes, lauterer Widerschein des auferstandenen Christus. Nie auf Distanz, nie in Abwehr befangen und von Strenge befreit, kann sie bis in die Herzen das schlichte Vertrauen des Glaubens ausstrahlen.

25. Mai

Was werden wir im Jenseits nicht alles entdecken! Wir werden erstaunt Menschen begegnen, die, ohne Christus zu kennen, unbewusst aus ihm gelebt haben.

26. Mai

Auferstandener Christus,
ruhig und unangefochten
lässt sich dein Wort vernehmen:
„Warum macht ihr euch Sorgen?
Nur eines ist nötig:
mit dem Herzen auf das Evangelium
und auf den Heiligen Geist hören.“[13]

27. Mai

Wenn wir mit uns selbst zerworfen sind, wird unser Inneres zerstört. Wenn wir in kontemplativer Erwartung bei Gott verweilen, finden wir zu der unerlässlichen Gelöstheit, mit der wir in unsere Zerbrechlichkeiten und Grenzen einwilligen können. Was schal erschien, erhält neuen Reiz. Friede zieht ins Herz ein.

28. Mai

Wir sind darauf angewiesen, in Gemeinschaft mit Christus zu leben. Diese Gemeinschaft macht uns wieder zu Menschen, die innerlich lebendig sind. Für Christus leben heißt: ein bisweilen gefährdetes und nicht ein abgekapseltes Leben führen.

29. Mai

Jesus, Hoffnung unserer Herzen,
wenn wir begreifen, dass deine Liebe
zuallererst im Verzeihen liegt,
kommt etwas in unserem Leben zur Ruhe
und verwandelt sich sogar.
Wir fragen dich: Was erwartest du von mir?
Und durch den Heiligen Geist antwortest du:
Nichts soll dich verwirren,
wage es, dein Leben zu geben.

30. Mai

Unser Gebet ist schlicht. Was ist es manchmal anderes als armes Seufzen? Gott vermag uns zu hören. Und vergessen wir nicht, dass der Heilige Geist selber im Herzen des Menschen betet.[14]

31. Mai

Der Glaube verlangt weder die Zerstörung noch die Überhöhung menschlichen Begehrens, sondern vielmehr, dass es in einem größeren Begehren aufgeht: im Durst nach Gott. Ja, allein das Verlangen nach Gott ist bereits der Anfang des Glaubens.

Juni

1. Juni

„Ich bleibe in euch"[1] – dieses Wort Jesu Christi wird in der Eucharistie zur Wirklichkeit, auch ohne fühlbaren inneren Widerhall, und sogar für den, der dies kaum zu hoffen wagt.

2. Juni

Retter allen Lebens,
in deiner Nachfolge entscheiden wir uns, zu lieben
und nie, unser Herz zu verhärten.
Und wenn uns leidvolle Erfahrungen zusetzen,
bleibt ein Ausweg: das ungetrübte Vertrauen.

3. Juni

In der Mitte des 20. Jahrhunderts erschien ein Mann mit Namen Johannes, der in einer einfachen norditalienischen Bauernfamilie geboren wurde. Als dieser betagte Mann, Johannes XXIII., ein Konzil ankündigte, sprach er Worte von unübertrefflicher Klarheit. Diese lichtvollen Worte lauten: „Wir versuchen nicht herauszufinden, wer unrecht gehabt hat, wir versuchen nicht herauszufinden, wer recht gehabt hat, wir sagen nur: Versöhnen wir uns!“[2] Bei der letzten Begegnung mit ihm, kurz vor seinem Tod, waren wir zu dritt, drei Brüder der Communauté. Es wurde uns klar, wie sehr Johannes XXIII. daran gelegen war, dass wir hinsichtlich unserer Berufung gelassen in die Zukunft schauen. Er machte mit den Händen kreisförmige Bewegungen und erläuterte: Die Katholische Kirche besteht aus wachsenden konzentrischen Kreisen. War das Wesentliche nicht schon geschehen, wenn wir nur mit Frieden im Herzen weiterlebten, anstatt uns immer wieder Sorgen zu machen?

4. Juni

Jesus hat in seinem Leben auf der Erde gebetet, und sein Gesicht wurde ins Licht verklärt. Er flehte und betete auch unter Tränen.

5. Juni

Jesus Christus,
ungezählte von Verlassenheit gezeichnete Kinder
und Jugendliche sind wie Fremde auf der Erde,
und manche fragen sich:
Hat mein Leben noch einen Sinn?
Du versicherst uns:
Sooft ihr das Leiden eines unschuldigen
Menschen lindert, tut ihr es mir.[3]

6. Juni

Auf der Erde gibt es rohe Gewalt, Krieg, Folter, Mord ... Es gibt auch verdeckte Gewalt, die sich hinter Berechnung, Verdächtigung, Misstrauen oder Demütigung verbirgt ... „In Gott gibt es keine Gewaltsamkeit. Gott hat Christus nicht gesandt, um uns anzuklagen, sondern uns zu sich zu rufen, nicht um uns zu richten, sondern weil er uns liebt."[4]

7. Juni

Durch sein Verzeihen versenkt Gott unsere Vergangenheit in Christi Herz und lässt die verborgenen Wunden sich schließen. Wenn wir Gott alles sagen können, was uns im Leben bedrückt und unter der Last einer Verurteilung gefangen hält, hellen sich die dunklen Zonen in uns auf. Wissen, dass Gott zuhört, versteht und verzeiht: Darin liegt eine Quelle des Friedens ... und innere Heilung ist nicht mehr fern.

8. Juni

Weder Unglück noch die Armut in ihrer Ungerechtigkeit kommen von Gott. Gott kann nur seine Liebe schenken. Groß ist das Staunen, wenn man entdeckt, dass Gott auf jeden Menschen mit unendlicher Zuneigung und tiefem Erbarmen schaut.

9. Juni

Jesus, unsere Hoffnung,
dein Erbarmen ist grenzenlos.
Wir dürsten nach deiner Nähe.
Du sagst zu uns:
„Warum dich ängstigen?
Hab keine Furcht, ich bin da.“[5]

10. Juni

Ein lebenslanges Ja zu Gott ist Feuer. Der Prophet Jeremia begriff dies schon sechs Jahrhunderte vor dem Kommen Christi. Als er einmal ganz mutlos war, sagte er sich: „Ich will nicht mehr an Gott denken, nicht mehr in seinem Namen sprechen …“ Aber es kam der Tag, an dem er schreiben konnte: „In mir, zutiefst in mir, brannte es wie verzehrendes Feuer. Ich wollte es zurückhalten, aber ich konnte es nicht.“[6]

11. Juni

Überall auf der Erde sind Frauen, Männer und Jugendliche Sauerteig der Versöhnung bis in die Risse der Menschheitsfamilie. Von Vertrauen bewohnt, haben sie alles, um Menschen wieder Mut zu machen, die von Zweifeln und Überdruss befallen waren, um die

Hoffnung auf Besserungen zu nähren. Zählen wir zu ihnen?

12. Juni

Gott der Barmherzigkeit,
du gibst dich im Leben Christi zu erkennen.[7]
Durch ihn gibst du uns die klare Gewissheit:
Deine Liebe ist zuallererst Erbarmen.

13. Juni

Wenn wir beten, werden wir erhört, auch wenn scheinbar nichts geschieht. In gelassenem Vertrauen auf Gott findet jedes Gebet Erfüllung. Vielleicht anders, als wir dachten ... Erhört Gott nicht so, dass sich die Liebe vermehrt?[8]

14. Juni

Ein Kind kann von Spannungen in der Familie oder Auseinandersetzungen, die Erwachsene vor seinen Augen austragen, verletzt werden und das Gefühl bekommen, verlassen zu sein. In ihm regt sich ein Flehen: Lasst mich nicht im Stich! Oft fragt man sich: Was hat sich in dem Kind abgespielt? Wurde es in der Schule, auf der Straße oder irgendwo anders gedemütigt? Gibt es jemand, der zusammen mit ihm durch die Leere geht, die in seinem Herzen klafft? Wer einem Kind, einem Heranwachsenden zuhören will, muss Umsicht und Feingefühl aufbringen, damit die Wunden nicht noch vertieft werden.

15. Juni

Wenn es in unserem Leben zu Erschütterungen, ja Zerrüttungen kommt, ist Jesus Christus gegenwärtig durch seinen Geist. Er wird immer zu uns sagen: „Wirst du aufs Härteste bedrängt, bin ich noch unter deiner Verzweiflung ... und ich bin auch in der Tiefe der Hoffnung."

16. Juni

Heiliger Geist,
wir möchten dich mit schlichter Einfachheit
empfangen.
Das Geheimnis deiner unsichtbaren Gegenwart
auf dem Grund unserer Seele
lässt du uns vor allem
mit dem Herzen ergründen.

17. Juni

Wenn der auferstandene Jesus im Evangelium sagt: „Meinen Frieden gebe ich euch"[9], stellt er kein Leben ohne innere Kämpfe in Aussicht. Er lädt ein zu begreifen, dass man den Frieden des Herzens zuallererst im Geist der Barmherzigkeit findet.

18. Juni

Wenn du fern von Gott säumst, ihn gar vergisst, sucht er dich immer noch und sagt die überraschenden Worte: „In dich habe ich meine Freude gelegt."[10]

19. Juni

Heiliger Geist, Geheimnis einer Gegenwart,
in Zeiten größter Hoffnung wie tiefsten Leids
lässt deine Stimme sich vernehmen.

Du sagst zu uns: „Öffne dich!“[11]
Und wären wir so gut wie sprachlos –
ein einziges Wort kann im Gebet genügen.

20. Juni

In der Musik führt bisweilen etwas zum betrachtenden Gebet, das man nicht mit Worten sagen kann. Manche Stücke Johann Sebastian Bachs lassen das ganze menschliche Flehen hören. Und es fällt ein Schleier von dem verborgenen Gott der Schrift.

21. Juni

Johannes schreibt erstaunliche Worte: „Mitten unter euch steht einer, den ihr nicht kennt.“[12] Wer ist dieser eine mitten unter uns? Es ist Christus, der Auferstandene. Wir wissen vielleicht nur wenig von ihm, aber er bleibt jedem Menschen ganz nahe.

22. Juni

Glücklich, wer aus dem Vertrauen des Glaubens lebt! Er entdeckt das umfassendste Geheimnis: die stete Gegenwart Gottes.

23. Juni

Gott unser Vater,
wir möchten dich mit aller Kraft,
aus ganzer Seele lieben.[13]
Aber du weißt,
dass es in uns Widerstände geben kann.
Schenke uns die Kühnheit,
diese Mauern zu überspringen
und das Ja zur Hingabe unseres Lebens
immer wieder zu erneuern.

24. Juni

Bevor Christus auf die Erde kam, gelangte Johannes der Täufer zu der Einsicht: Christus kommt nicht für einige wenige, sondern für alle Menschen. Das ist eine Freudenbotschaft des Evangeliums.[14]

25. Juni

Was Gott uns gibt, erscheint manchmal so groß ... und wir stehen so bedürftig da! Er schenkt, was wir uns kaum vorstellen können: Unser Herz ist unwiderstehlich von Christus, vom Heiligen Geist bewohnt.

26. Juni

Es gibt Gegenden auf der Erde, in denen der Glaube zurückgeht. Wo Leere herrscht, können sich religiöse Strömungen mit den verschiedenartigsten Inhalten breit machen. Da bewegt uns die Frage: Wie können wir Christus nicht in Vergessenheit geraten lassen, wo sich seine Spuren verwischen?

27. Juni

Segne uns, Jesus Christus,
du kommst und linderst unseren Schmerz,
wenn das Unbegreifliche geschieht,
wenn unschuldige Menschen leiden.

28. Juni

Im zweiten Jahrhundert war Irenäus, ein Christ der dritten Generation, sich klar bewusst, dass es Gemeinschaft in Christus gibt. Er hinterließ die Zeilen: „Die Herrlichkeit Gottes ist der lebendige Mensch. Das Leben des Menschen ist es, Gott zu schauen.“[15]

29. Juni

Wissen wir es zur Genüge? Es liegt ein Glück in der schlichten Selbsthingabe. Und das Unverhoffte tritt hervor. Es kommt der Tag, an dem uns etwas gewährt wird, mit dem wir nicht gerechnet haben. Die Wege durch die Dunkelheit, die langen, kaum erhellten Nächte liegen hinter uns. Hartes Ringen, aussichtslose Verhältnisse, müssen uns nicht schwächen; sie können uns sogar innerlich aufbauen.

30. Juni

„Liebt eure Feinde, tut denen Gutes, die euch hassen, betet für die, die euch verleumden."[16] Diese Worte Christi begreift, wer durch innere Wüsten gegangen ist ...

Juli

1. Juli

Auferstandener Jesus,
gib uns ein entschlossenes Herz,
das dir treu bleibt.
Und wenn wir uns fragen,
ob das überhaupt möglich ist,
öffnet dein Evangelium uns die Augen
für deine Liebe.
Sie ist Verzeihen, sie ist inneres Licht.

2. Juli

Wer seinen Weg im Vertrauen auf Gott gehen will, sollte sich unbeirrbar und stets neu an einige Wirklichkeiten des Evangeliums halten: „In allem der Friede des Herzens, die Freude, die Einfachheit, die Barmherzigkeit."

3. Juli

Überkommen uns unversehens Zweifel? Lassen wir uns davon nicht lähmen! Als Jesus auf der Erde war, hatte auch er zweifelnde Jünger an seiner Seite. Zu einem von ihnen sagte er: „Glücklich, die glauben, ohne gesehen zu haben!“[1]

4. Juli

Wie kann man Christus klarer weitergeben als durch ein Leben ganz aus Verzeihen und grenzenloser Güte, in dem die Versöhnung Tag für Tag greifbar geschieht?

5. Juli

Gott aller Liebe,
wir dürsten danach, auf dich zu hören,
wenn sich in uns dein Ruf vernehmen lässt:

Steh auf, sei ein lebendiger Mensch!
Wir möchten uns niemals auf Dunkelheit
oder Mutlosigkeit einlassen,
sondern in hellen Lobpreis einstimmen.

6. Juli

Wären die geistlichen Werte in zahlreichen Ländern nicht schwer erschüttert, würden wir als Communauté nicht die Jugendtreffen auf uns nehmen und Woche für Woche nordeuropäische, slawische oder mediterrane und auch Jugendliche von den anderen Erdteilen zu Gast haben. Wenn wir die vielen Gesichter der Jugendlichen auf unserem Hügel von Taizé sehen, begreifen wir, dass sie mit lebenswichtigen Fragen kommen: Was erwartet Christus von mir? Wie kann ich in ihm einen Sinn für mein Leben finden? Ohne es immer klar zu ahnen, suchen sie Christus nachzufolgen. Uns Brüdern kommt es darauf an, ihrem Vertrauen zu entsprechen, indem wir zuallererst Männer des Gebets sind, Menschen, die zuhören, und niemals Meister des geistlichen Lebens.

7. Juli

Als Zeitgenosse Johannes XXIII. lebte in Istanbul ein Mann mit der gleichen prophetischen Ader, der orthodoxe Patriarch Athenagoras. Es stimmte hoffnungsvoll, bei einem Besuch zu erleben, welche Ausstrahlungskraft der 86-Jährige, der nur geringe Mittel hatte und einer verwickelten politischen Situation unterworfen war, auf Menschen in nah und fern besaß. Er hatte innere Größe und Weite. Leidvolle Erfahrungen waren ihm nicht erspart geblieben. Dennoch blieb er voll Hoffnung: „Wenn ich abends mein Zimmer betrete", sagte er zu uns, „lasse ich die Sorgen vor der Tür und sage mir: Morgen sehen wir weiter!"

8. Juli

Ein Glaubender der ersten Zeit schrieb: „Sorgt euch um nichts!“[2] Wenn wir Christus überlassen, was uns bekümmert und von ihm fernhält, lässt er uns eine Erfahrung machen: „In Ruhe und Vertrauen liegt eure Kraft.“[3]

9. Juli

Jesus, Liebe aller Liebe,
du warst stets in mir, und ich vergaß es.
Du warst zutiefst in meinem Herzen,
und ich suchte dich anderswo.
Als ich fern von dir war, hast du mich erwartet.
Und jetzt wage ich, zu dir zu sagen:
Christus, du bist mein Leben.

10. Juli

Im Menschen brennt häufig ein unergründlicher Durst nach Freiheit. Diese kann, wie die schönste Medaille, eine Kehrseite haben. Was wäre eine Freiheit, die egoistisch die der anderen beeinträchtigt? Die Freiheit steht in enger Beziehung zum Verzeihen und zur Versöhnung.

11. Juli

Wie unerlässlich sind geistliches Feingefühl und Behutsamkeit, damit nicht eine Angst vor Gott in das Herz eines Kindes einzieht! „Gott ist Liebe“[4]: Wo bliebe das Evangelium, wenn sich vor Strafe fürchten müsste, wer aus Gott leben will?

12. Juli

Kein Alter erspart uns, weiter zu reifen. Das braucht Zeit. Warum mit sich selbst ungeduldig werden? Auf dem Weg von Neubeginn zu Neubeginn kann sich jenseits der Entmutigungen ein Ausweg zeigen.

13. Juli

Auferstandener,
wenn wir uns schlicht danach sehnen,
deine Liebe zu empfangen, entzündet sich
mit der Zeit zutiefst in uns eine Flamme.
Der Heilige Geist nährt sie.
Sie mag nur flackern;
aber sie brennt immer.
Wenn wir begreifen, dass du uns liebst,
wird uns das Vertrauen des Glaubens zum Lied.

14. Juli

Sich von Christus, dem Auferstandenen, bewohnen lassen und intensiv im gegenwärtigen Augenblick leben … Sein Wort ist ganz eindeutig: „Heute möchte ich in deinem Haus zu Gast sein.“[5] Heute, nicht morgen.

15. Juli

Jeder Mensch dürstet danach, geliebt zu werden und zu lieben. Nicht umsonst legt das Evangelium nahe, sich nicht abzukapseln.

16. Juli

Im Gebet gehen uns oft Überlegungen und Bilder durch den Sinn. Wenn wir uns bei den Worten ertappen: „Meine Gedanken gehen in die Irre und mein Herz aus den Fugen“, antwortet das Evangelium: „Gott ist größer als unser Herz.“[6]

17. Juli

Heiliger Geist,
jedem wird deine Gegenwart gewährt.
In dir finden wir den Trost,
mit dem du unser Leben überfluten kannst.
Und wir ahnen, dass wir dir im Gebet
alles anheim geben können.

18. Juli

Lassen wir uns von einem Wort Christi bewegen, wenn es auch auf den ersten Blick schwer verständlich ist: „Wer sein Leben aus Liebe zu mir hingibt, wird es wiederfinden.“[7] Wie werden wir es wiederfinden? In einem Leben aus reiner Zuwendung und Herzensgüte. Dann wird Christus selbst unser Leben.

19. Juli

Wenn die Nacht finster wird, ist seine Liebe ein Feuer. Und was als rote Glut unter der Asche glimmte, entzündet sich.

20. Juli

Nichts ist schmerzhafter als der Bruch einer tiefen menschlichen Beziehung. Manchmal weiß das Herz nicht mehr, woran es ist. Es kann sich auf einmal verhärten, um sich zu schützen, um weniger zu leiden. Christus lehnt sich nicht auf, wenn er abgewiesen wird. Diesem Christus folgen wir nach.

21. Juli

Jesus, unser Friede,
wenn unsere Lippen stumm bleiben,
hört das Herz auf dich und spricht zu dir.

Und du sagst zu jedem Menschen:
Überlasse dich ganz einfach dem Heiligen Geist,
dein geringer Glaube ist dafür genug.

22. Juli

Man kann bei Dostojewski ahnen, dass sich in ihm tiefe Zweifel regen; seine Liebe zu Christus wird davon aber nicht berührt: „Mein Hosanna ist durch den Schmelztiegel des Zweifels gegangen."[8] Zweifel haben in ihm eine Öffnung gegraben und so einem Widerschein Christi Einlass verschafft.

23. Juli

Gott aller Ewigkeit,
ob wir es wissen oder nicht,
dein Heiliger Geist ist Licht in uns.
Er erhellt die dunklen Schatten unserer Seele
und durchtränkt sie mit seiner unsichtbaren Nähe.

24. Juli

Wer sich von Herzen erbarmt, kann auch für die beten, die seine Absichten entstellen.

25. Juli

Der Ruf, Christus nachzufolgen, stellt uns vor die Entscheidung, das Ganze oder das Nichts zu wählen. Es gibt keinen Mittelweg. Mag Unschlüssigkeit uns wie jäher Nebel überfallen – wir möchten auf ihn hören, wenn er zu uns sagt: „Komm in meine Nachfolge. Ich führe dich zu den sprudelnden Quellen[9], den Quellen den Evangeliums."

26. Juli

Jesus, unser Friede, du verlässt uns nie.
Und stets bahnt uns der Heilige Geist den Weg,
in Gott zu ruhen, im Abgrund an Erbarmen.

27. Juli

Zählen wir zu den Menschen, die, auch allein, zum Gebet in eine Kirche gehen? Oft genügt ein einziger Mensch, und eines Tages machen andere weiter.

28. Juli

Ist es heute für die vielen Christen, die an den in der Geschichte aufgetretenen Spaltungen schuldlos sind, nicht dringend geboten, eine Freude des Evangeliums aufzugreifen: stets neu als Versöhnte zu leben?

29. Juli

Gott der Barmherzigkeit, du weißt,
wir möchten etwas von deiner Gegenwart
ausstrahlen

und den Menschen, die du uns anvertraust,
das Leben schön machen.

30. Juli

Es gibt Menschen, die ihr Leben in Verlassenheit beenden. Manche denken, nichts zuwege gebracht zu haben. Wer betet für sie und bittet um den Trost des Heiligen Geistes?

31. Juli

Immer wieder in die leidvollen Prüfungen einwilligen, die so oft mit dem Leben verbunden sind. In allem den Frieden des Herzens suchen. Und das Leben wird schön ... und das Leben wird schön sein. Das Unerhoffte tritt ein.

August

1. August

Jesus Christus, wir suchen deinen Blick.
Er vertreibt Kummer und Sorgen.
Und durch deinen Heiligen Geist bringst du uns auf manchmal ganz unbeschwerte Gedanken.

2. August

Würden wir am Morgen mit dem Geist des Lobpreises im Herzen erwachen, könnte im Einerlei der Tage neuer Lebensmut aufkommen.

3. August

Heutzutage haben die Christen ein geschärftes Bewusstsein für das Leiden in der Welt. Zahlreich sind sie den Vergessenen der Erde nahe, auf der Suche nach Lösungen und Antworten. Der Glaube hält sie an, verantwortliche Aufgaben zu übernehmen.

4. August

Jesus, unsere Freude, du willst,
dass wir im Herzen einfach sind,
du bereitest uns einen Frühling im Herzen.
Dann lähmen uns die schwierigen Dinge im Leben weniger.
Du sagst zu uns: Mach dir keine Sorgen,
ich bin stets bei dir.

5. August

Warum soll ein kranker oder alter Mensch sich bekümmert sagen: „Ich tue nichts für die anderen“? Sollte er vergessen haben, dass sein schlichtes Gebet in Gott erhört wird?

6. August

Das Evangelium bewirkt in unserem Leben eine Umwälzung: Durch den Heiligen Geist nimmt es Christus in uns sogar mit den widersprüchlichsten Kräften auf, über die der Wille wenig Macht hat. Er legt in uns einen Widerschein seines Angesichts und verklärt, was uns an uns selbst Sorgen macht. In allem den Frieden des Herzens.

7. August

Heiliger Geist, du hauchst über alles,
was zerbrechlich ist.
Du entzündest die Flamme brennender Liebe,
die in uns unter der Asche glimmt.
Selbst die Ängste und Nächte im Herzen
können durch dich zum Morgen
eines neuen Lebens werden.

8. August

Brauchen wir nicht „lebende Ikonen", Zeugen des Vertrauens aus dem Glauben, damit wir neue Hoffnung schöpfen können?

9. August

Im Evangelium sagt Jesus eines Tages zu den Jüngern: „Lasst die Kinder zu mir kommen! Menschen, die ihnen gleichen, gehört das Reich Gottes."[1] Ist Christus nicht gerade denen zugänglich, die im Herzen einfach sind?

10. August

Wird uns in einem Gespräch, möglicherweise heftig, widersprochen, können wir zum inneren Frieden finden, indem wir die Menschen, mit denen wir gerade reden, dem Heiligen

Geist anvertrauen. Freilich so, dass sie es nicht bemerken.

11. August

Jesus voll Barmherzigkeit,
du schenkst es uns,
in Gemeinschaft mit dir zu sein.
Und wenn wir begreifen,
dass kein Mensch von deinem Verzeihen
und deiner Liebe ausgeschlossen ist,
findet unser Herz zur Freude.

12. August

Manche Gegenden auf der Erde sind für den Glauben Wüsteneien. Glaubende können aber um sich herum Berge von Gleichgültigkeit versetzen, wenn frische Lebenskraft des Evangeliums sie durchströmt.

13. August

Wenn in einem kontemplativen Leben das Wesentliche den Augen verborgen bleibt, suchen wir umso beharrlicher die einzige Wirklichkeit zu entdecken: Die geheimnisvolle Gegenwart Gottes in uns.

14. August

Gott des Friedens,
dein Evangelium schärft unseren Blick
für die Menschen,
die Gewalt, Verfolgung und Exil erleiden.
Du rufst uns auf,
die Leiden in der Menschheitsfamilie zu lindern.

15. August

Es sind nicht nur die Mächtigen, die die Veränderungen in der Welt bestimmen. Konnte die Jungfrau Maria sich vorstellen, dass ihr Ja zu Gott von so entscheidender Bedeutung sein würde? Wie sie bereiten unzählige einfache Menschen auf der Erde Wege gelassenen Vertrauens.

16. August

Ein Elternteil kann, auch wenn er den materiellen Verpflichtungen nachkommt, wie verschollen sein. Zum Gleichnis vom verlorenen Sohn meinte ein junger New Yorker: „In meiner Familie ist nicht der Sohn weggegangen, uns hat der Vater verlassen."

17. August

Aus dem Heiligen Geist geboren leben heißt in jedem Alter: das Evangelium in seiner ersten Frische wieder finden ... Und es gibt keinen Tag, der nicht ein Heute Gottes sein kann.

18. August

Heiliger Geist,
bei dir sind wir nie allein.
Mehr noch: aus ganzer Seele
dürsten wir danach,
uns dir zu überlassen.

19. August

Der Geist des Festes, den man im Evangelium findet, ist kein übersteigertes Hochgefühl. Begeisterung ja, aber keine angestrengte Fröhlichkeit ... In allem unbeschwerte Freude.

20. August

Fast neun Jahrhunderte vor Christus, mitten in einer Hungersnot, tritt eines Tages der Gottesmann Elija bei einer Frau im Dorf Sarepta ein. Sie hat noch einen kleinen Vorrat an Mehl und Öl. Die Witwe backt ihrem Gast, ohne zu zögern, mit dem letzten Rest drei Brote. Und etwas Ungeahntes geschieht ... Mehl und Öl gehen nicht mehr zur Neige.[2] Ist das nicht ein Gleichnis für unser Leben? Mit fast nichts, mit ganz wenig ereignet sich das Ungeahnte, noch und noch.

21. August

Jesus Christus,
du stellst uns die Frage:
Erkennst du den Weg, der dir offensteht?
Wir möchten uns so tiefes Vertrauen
auf dich, Christus, bewahren,
dass wir deinen Blick erkennen können,
der voll Erbarmen auf unserem Leben ruht.

22. August

Wenn die Wunden einer nahen oder fernen Vergangenheit schwer erträglich werden, und uns jemand zuhört, kann die Seele zu heilen beginnen. Ein Hauch von Vertrauen kommt auf.

23. August

Ob jemand gänzlich unwissend oder hoch gebildet ist, der Glaube bleibt schlichtes Vertrauen auf Gott. Wird er zu geistlicher Überheblichkeit, führt er nirgendwohin.

24. August

Du möchtest Christus nachfolgen – an welchen Zeichen kannst du erkennen, dass du ihm begegnet bist? Wenn auf deiner Suche nach ihm im Gebet die inneren Kämpfe dich nicht verhärten, sondern zu den Quellen seiner Liebe führen. Und es kommt zu einem Durchbruch, der von der Sorge zum Gottvertrauen führt.

25. August

Christus, du versetzt uns in Staunen
über dein Erbarmen.
Und wir gehen auf deinen Ruf ein,
wenn du zu uns sagst:
Komm in meine Nachfolge,
bei mir findest du Rast.

26. August

Gott ist Geist, und seine Gegenwart bleibt unsichtbar. Er lebt immer in uns: in den Augenblicken der Dunkelheit wie in denen völliger Klarheit.

27. August

An uns ist es, in kontemplativem Gebet aus einer Erwartung zu leben, „bis die Morgendämmerung heraufzieht und der Tag in unserem Herzen anbricht".[3] In unmerklichen Veränderungen vollzieht sich die Verklärung des Menschen ein Leben lang.

28. August

Christus wohnt in uns! Braucht es nicht Zeit, sich darauf einzustellen und diese der menschlichen Gedankenwelt schwer zugängliche Wirklichkeit des Evangeliums zu erfassen?

29. August

Heiliger Geist,
wenn wir uns dir zuwenden,
lässt du uns die Wüsten im Herzen durchqueren.
Durch dein Verzeihen löst du unsere
Verfehlungen auf wie Morgennebel.[4]
Darin liegt die christliche Freiheit,
daran entzündet sich das Staunen über eine Liebe.

30. August

Wie könnten wir als Brüder im Westen leben, wenn manche von uns sich nicht mitten unter den Ärmsten auf den südlichen Erdteilen aufhalten würden? Wenn wir daran denken, dass manche Brüder Verhältnisse bitterer Armut teilen, wissen wir, dass wir zur Einfachheit berufen sind: einfach sein im täglichen Leben und im Vertrauen, das wir einander entgegenbringen.

31. August

In das Leben eines Menschen, der mit Christus zu lieben und es durch seine Lebensweise zu sagen weiß, zieht ungetrübte Schönheit ein. Manche Tage bringen Enttäuschungen, bittere Erfahrungen mit sich, lauter Zwischenfälle, bei denen man den inneren Frieden verlieren könnte. Aber an jedem Tag bleibt die Möglichkeit bestehen, sich Gott zu überlassen. Ein Tag ist rund, wenn auch die härteste Anfechtung einem nicht den Lebensdurst nach Fülle nehmen kann.

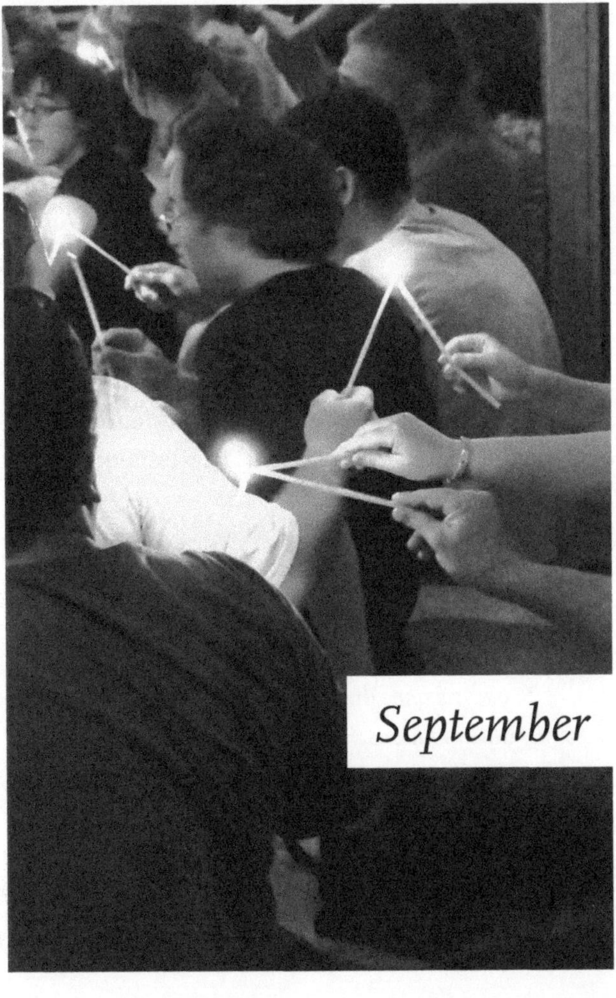

September

1. September

Nichts ist hartnäckiger als die Erinnerung an Demütigungen und Verletzungen aus der Vergangenheit. Sie vermag, feindseligen Argwohn zu nähren, manchmal sogar von einer Generation zur nächsten. Die Vergebung des Evangeliums ermöglicht es aber, über die Erinnerungen hinwegzukommen. Zählen wir zu den Menschen, die alle Kräfte dafür aufbieten, altem und neuem Misstrauen einen Riegel vorzuschieben?

2. September

Gott der Barmherzigkeit,
gib, dass wir uns dir in Stille und Liebe überlassen.
Es fällt uns Menschen nicht leicht,
solches Vertrauen zu schenken.
Du aber bahnst in uns den Weg,
der zum klaren Licht der Hoffnung führt.

3. September

Unser Leben unterliegt nicht den Zufällen eines dumpfen Schicksals. Durchaus nicht! Unser Leben erhält einen Sinn, wenn es zuallererst lebendige Antwort auf einen Ruf Gottes ist.

4. September

Der Heilige Geist hat die Kraft, ein lebenslanges Ja zu festigen. Hat er den Menschen nicht schon mit Sehnsucht nach Ewigkeit und Unendlichkeit erfüllt? In ihm ist es in jedem Lebensalter möglich, neuen Lebensmut zu finden und sich zu sagen: „Fass dir ein Herz und geh deinen Weg!“[1]

5. September

Viele Christen im Westen schätzen ihre Brüder und Schwestern im Osten, einerseits, weil sie durch große Bedrängnis gegangen sind, andererseits, weil sie in ihnen so klare Gaben der Gemeinschaft sehen. 1962 kam ein orthodoxer Bischof, Metropolit Nikodim, aus St. Petersburg nach Taizé. Er dachte über die Zukunft der Christen im Westen wie im Osten nach. Er trug in sich die Hoffnung auf Gemeinschaft und machte begreiflich, dass das Geheimnis der orthodoxen Seele zuallererst in einem Gebet liegt, das sich der Kontemplation öffnet. In den Zeiten der Bedrängnis vermochten so viele Orthodoxe zu lieben. Die Güte des Herzens ist für viele von ihnen lebensbestimmend. Sie sind lebendige Zeugen des Vertrauens in den Heiligen Geist. Für sie steht die Auferstehung im Mittelpunkt; dadurch stärken sie uns im Wesentlichen des Glaubens. Heute möchten wir in Taizé uns in besonderer Weise den Jugendlichen aus Russland, Weißrussland, der Ukraine, Serbien und Bulgarien widmen.

6. September

Jesus, Freude unseres Herzens,
wenn uns danach verlangt,
deinen Erwartungen zu entsprechen,
begreifen wir, dass du uns einlädst
zu lieben, wie auch du uns geliebt hast.[2]

7. September

Wer mitten unter den anderen aus Christus leben will, betet darum, verzeihen, immer wieder verzeihen zu können. Das ist Liebe bis zum Äußersten.

8. September

Mit Marie-Sonaly, die damals fünf Jahre alt war, fanden wir eines Tages eine kleine Ikone der Jungfrau Maria mit dem Kind. Das Bild hat uns unendlich tief angesprochen. Es war ein Symbol für die Geborgenheit bei einer Mutter. Wir konnten begreifen, dass Marie-Sonalys Mutter, wie jede Mutter, die schon in das Leben von Ewigkeit eingegangen ist, uns auch weiterhin zusammen mit Maria, der Mutter Jesu, Geborgenheit schenkt.

9. September

Das Gebet führt zu grenzenloser Gemeinschaft. Die Wirklichkeit Gottes, Christi, des Heiligen Geistes ist ohne Anfang und Ende; sie lässt sich nicht umspannen. Der Heilige Geist erfüllt das All.

10. September

Heiliger Geist, inneres Licht,
du erhellst in unserem Leben
die glücklichen Tage wie die Zeiten
leidvoller Prüfung.
Wenn sich alles einzutrüben scheint,
bleibt deine Gegenwart.

11. September

Stirbt ein nahestehender Mensch, kann der Schmerz darüber die Hoffnung ins Wanken bringen. Wer zum Vertrauen des Glaubens und zum Frieden des Herzens zurückfinden will, muss bisweilen mit sich selbst geduldig sein. Christus sendet uns Trostbedürftigen den Heiligen Geist, den Tröster. Und der Schmerz über eine Trennung kann sich in eine Gemeinschaft verklären, die so geheimnisvoll wie unerlässlich ist.

12. September

Ein still betrachtender, Gott zugewandter Blick reißt einen aus dem Alltagsgrau. Ganz vom Evangelium durchdrungen, weiß er auch die Schätze in einem Herzen zu erkennen, das hell leuchtet von unendlicher Güte.

13. September

Zu bestimmten Zeiten in der Geschichte setzten sich manche Christen besonders für das Teilen ein. Im vierten Jahrhundert schrieb Johannes Chrysostomus: „Streitigkeiten und Kriege brechen aus, weil einige sich anzueignen versuchen, was allen gehört. Es ist, als würde sich die Natur darüber empören, dass der Mensch sich der kaltherzigen Wörter mein und dein bedient und dort Spaltung stiftet, wo Gott Einheit gesetzt hat."

14. September

Gott der Barmherzigkeit,
warum sollen wir uns Sorgen machen,
wenn es uns schwerfällt,
dir unser Vertrauen zu schenken?
In Stille und Frieden bei dir verweilen
heißt schon beten.
Du verstehst uns in allem.
Selbst ein Seufzen kann zum Gebet werden.

15. September

Wird der Glaube nicht in jungen Jahren geweckt, bleibt eine Leere. Wer kann dem einen oder anderen Kind oder Jugendlichen das Vertrauen auf Christus erschließen? Sich mit einem Kind hinknien, wo eine Ikone steht, ein stilles Gebet verrichten ... und das Kind kann sich für das Geheimnis Gottes öffnen. Auch die leiseste Ahnung des Glaubens stellt sich, selbst wenn sie vergessen wurde, häufig im Lauf des Lebens wieder ein.

16. September

Wenn wir uns immer wieder neu an den Ruf Christi erinnern – wird unser Leben dann zu einer Antwort voll Verwunderung und Staunen?

17. September

Die Last einer entmutigenden Erfahrung kann so schwer werden, dass du Christus verlässt. Säumst du dann, die innere Oase auf dem Grund deiner Seele aufzusuchen, jenen Ort inniger Vertrautheit, an dem Gott alles ist?

18. September

Christus voll Erbarmen,
dir wagen wir alles zu sagen,
lass uns manchmal wie früher zu dir sprechen,
als wir Kinder waren.

19. September

Eines Tages segnete Christus fünf Brote und teilte sie mit allen, ohne Unterschied.[3] In alter Zeit entstand daraus eine Geste der Gastfreundschaft: gesegnetes Brot an alle austeilen, an Glaubende und Nichtglaubende, die aus verschiedensten Gründen nicht die Eucharistie empfangen. Ist die schlichte Geste nicht geeignet, sich über die Mütterlichkeit der Kirche Gedanken zu machen, wenn diese zu solchen Zeichen großer Offenheit anregt, in denen das Geheimnis einer Gemeinschaft aufleuchtet?

20. September

Wenn die Gemeinschaft, die die Kirche ist, zur Klarheit findet, indem sie zu lieben und zu verzeihen sucht, lässt sie Wirklichkeiten des Evangeliums in frühlingshafter Frische durchscheinen. Treten wir bald in einen Frühling der Kirche ein?

21. September

Unzählige Menschen kommen durch die Hingabe ihres Lebens der Heiligkeit Christi nahe. Sie haben das Wort gehört, das Jesus an jeden richtet: „Komm und folge mir nach!"[4]

22. September

Gott aller Ewigkeit,
öffne in uns die Tore zu deiner Barmherzigkeit.
Und wir begreifen, dass dein liebender Wille
nicht länger in Steintafeln gemeißeltes Gesetz ist.
Er ist brennende, ins Herz geschriebene
Nächstenliebe.[5]

•

23. September

Oft werden wir gefragt: Warum trifft man in Taizé auf so viele Jugendliche? Wie antworten? Das kam unerwartet. Die Jahre vergehen, und wir sind nach wie vor erstaunt. Allmählich wurde uns in Taizé klar, dass es darauf ankommt, mit der jungen Generation in wechselseitigem Vertrauen zu leben. Wir wollen aus ganzem Herzen, dass sich bei den Jugendlichen die Fähigkeit zum Vertrauen entfaltet, weil sie ein Ansatz für die

Überwindung der Vertrauenskrise in den Menschen ist. Gelegentlich fragen wir uns: Ist unsere Gastfreundschaft nicht zu dürftig, zu ärmlich? Und wir stellen fest: Mit einfachem Herzen und geringen Mitteln kann man eine dem Evangelium gemäße Gastfreundschaft leben, die man zuerst nicht für möglich hielt.

24. September

Unser Vertrauen auf Gott wird erkennbar, wenn es in schlichter Hingabe unseres Lebens zum Ausdruck kommt: Glaubwürdig und ansteckend ist zuallererst gelebter Glaube.

25. September

Tun sich in uns unbekannte Abgründe auf, und auch gähnende Tiefen unerklärlicher Schuldgefühle? Gott droht keinem, und das

Verzeihen, mit dem er unser Leben überflutet, heilt unsere Seele.

26. September

Jesus Christus,
du berufst uns für ein ganzes Leben.
Wenn wir das Evangelium
auch nur wenig kennen,
wir ahnen, dass du uns einlädst,
dich für immer zu empfangen.

27. September

Das Evangelium weckt Erbarmen und unendliche Herzensgüte. Sie haben nichts Naives, sie können Umsicht verlangen. Sie führen zu einer Erkenntnis: Wir werden frei von uns selbst, wenn wir andere glücklich machen wollen.

28. September

Augustinus, ein Christ, der vor 1600 Jahren lebte, hinterließ Worte, die die Türen des Evangeliums weit öffnen. Er rang hart um den Weg zu Gott. Es schmerzte ihn, wie er als junger Mann gelebt hatte. Er war sich selbst gegenüber so ehrlich, dass er zeitweise wohl an sich verzweifelte. Eines Tages aber konnte er schreiben: „Wenn dich danach verlangt, Gott zu erkennen, bist du schon gläubig.“[6]

29. September

Wer die erste Seligpreisung lebt: „Glücklich, die im Herzen einfach sind“[7], empfängt von Christus unvergleichliche Lauterkeit des Evangeliums. Und aus der Einfachheit entspringt ganz unvermittelt stille Freude.

30. SEPTEMBER

Jesus Christus,
im Evangelium stellst du die Frage:
„Wer bin ich für dich?“[8]
Du bist der, der nicht aufhört,
nach uns zu suchen.
In deinem Leben auf der Erde
hast du dich bis ins Innerste treffen lassen,
hast du den Tod von Menschen beweint,
die du geliebt hast.[9]
Für dich, Christus, erweist sich die Liebe
in der Güte des Herzens.

Oktober

1. Oktober

Ist es nicht jedem Menschen gegeben, ganz einfach zu beten? Der Apostel Paulus war sich dessen bewusst, als er schrieb: „Wir wissen nicht, wie wir beten sollen; aber der Heilige Geist kommt unserer Unfähigkeit zu Hilfe und betet in uns.“[1]

2. Oktober

Wenn allen, nicht nur einigen Völkern auf der Erde ein gleiches Maß an Vertrauen entgegengebracht wird, tut sich ein Weg zum Frieden auf. In allen Völkern gibt es eine kleine Zahl von Wahnsinnigen, die, wenn es ihnen gelingt die Macht zu ergreifen, fähig sind, ungezählte Menschen in ein Räderwerk aus Hass und Krieg hineinzuziehen. Deshalb kommt es entscheidend darauf an, niemals die Angehörigen einer Nation zu demütigen, in der einige wenige Führer unvorstellbare Gräuel veranlasst haben. Man kann es nicht oft genug sagen: Es gibt kein Volk, das schuldiger ist als andere; das gibt es nicht, das wird es niemals geben.

3. Oktober

Jesus, Friede unseres Herzens,
lass uns dein Evangelium dorthin tragen,
wo das Vertrauen des Glaubens
ins Wanken geraten ist,
und den Menschen nahe sein,
die voller Zweifel sind.

4. Oktober

Unzählige Christen möchten in der Gemeinschaft der Liebe, die die Kirche ist, Träger des Friedens sein. Sie stehen Missbräuchen, die die Gemeinschaft zersetzen, nicht naiv gegenüber, aber sie suchen mit ganzem Herzen nach Stille und Liebe.

5. Oktober

Vertrauen auf Christus lässt sich nicht durch hart vorgebrachte Argumente vermitteln, die letztlich nur quälende Unruhe hervorrufen, weil sie um jeden Preis überzeugen wollen.

6. Oktober

Der Heilige Geist trennt sich nie von unserer Seele: Selbst im Tod bleibt die Gemeinschaft mit Gott bestehen. Zu wissen, dass Gott uns in seiner Liebe stets annimmt, wird zur Quelle stillen Vertrauens.

7. Oktober

Gott der Barmherzigkeit,
wir warten auf den Hauch deines Heiligen Geistes.
Mitten in der Widersprüchlichkeit des Herzens
lässt er eine Quelle hervorbrechen:
die Freude des Evangeliums.

8. Oktober

Im Evangelium macht Christus sich das unbegreifliche Leiden Unschuldiger zu eigen. Ist Christus nicht auf die Erde gekommen, damit sich jeder Mensch geliebt weiß?

9. Oktober

Nirgendwo im Evangelium lädt Christus uns ein, traurig zu sein oder Trübsal zu blasen. Ganz im Gegenteil, er bringt uns stille Freude nahe, ja freudigen Jubel im Heiligen Geist.

10. Oktober

Jesus Christus,
an den Quellen des Vertrauens zur dir
lässt du uns Frieden im Herzen finden.
Auf ihn sind wir angewiesen,
um aus dir zu leben
und uns im Innern aufzubauen.

11. Oktober

Was können wir in den dunkelsten Augenblicken, in denen es unter den Christen zu tiefen Enttäuschungen kommt, anderes tun, als uns der Hoffnung des Glaubens zu überlassen?

12. Oktober

Vor dem Ursprung des Alls, von aller Ewigkeit an war Christus in Gott. Seit der Geburt der Menschheit ist er lebendiges Wort.[2] Dann wohnte er wie ein einfacher Mensch unter uns auf der Erde. Als Auferstandener ist er durch den Heiligen Geist jedem Menschen nahe.

13. Oktober

Man verzeiht nicht, um den anderen zu ändern. Das wäre Berechnung und hätte nichts mit der selbstlosen Liebe des Evangeliums zu tun. Man verzeiht um Christi willen. Verzeihen heißt sogar: darauf verzichten zu erfahren, was der andere mit dem Verzeihen macht.

14. Oktober

Jesus, unsere Freude,
weil dein Verzeihen Vertrauen weckt,
ist der Frieden im Herzen möglich
und sogar gewiss.
Dein Evangelium sagt es:
Warum euch beunruhigen?
Mit euren Sorgen erreicht ihr nichts,
könnt ihr euer Leben um keinen Tag verlängern.[3]

15. Oktober

Das Gebet ist im Grunde unveränderlich, es nimmt aber vielfältige Formen an. Manche beten in tiefem Schweigen. Andere brauchen dazu viele Worte. Teresa von Ávila schreibt: „Wenn ich zum Herrn rede, weiß ich oft nicht, was ich sage.“ Wieder andere finden im gemeinsamen Gebet die Freude des Himmels auf der Erde, höchste Erfüllung ...

16. Oktober

Hören wir auf den Ruf, der aus der Zeit des Evangeliums stammt: „Löscht den Geist nicht aus“?[4] Verstehen wir, vom Hauch des Heiligen Geistes durchdrungen, dass er in uns arbeitet, bis er uns aus der Dunkelheit zum Licht geführt hat?

17. Oktober

Jesus Christus,
jedem, der dich sucht,
schenkst du den Frieden des Herzens.
Er ist da, ganz nahe,
in deinem Blick, der voll Erbarmen,
auf dem Leben eines jeden ruht.

18. Oktober

Das Lukasevangelium endet mit der Beschreibung der Jünger, die sich niedergeworfen haben, die Stirn am Boden.[5] Sie nahmen eine Gebetshaltung ein, die vielleicht in die fernsten Ursprünge der Menschheit zurückreicht und die stille Hingabe des eigenen Lebens zum Ausdruck bringt.

19. Oktober

Es kommt vor, dass die ältere Generation, ohne es zu bemerken, den ganz Jungen einen Weg zum Gottvertrauen bahnt. Junge Esten sagten: „Dass wir gläubig wurden, und dass wir in Taizé sind, verdanken wir unseren Großmüttern. Die meisten von ihnen wurden für lange Jahre aus dem Land gewiesen. Dort, in der Verschleppung, hielt sie nur der Glaube aufrecht. Sie sind einfache Frauen. Sie verstanden nicht, warum sie so zu leiden hatten. Manche sind zurückgekehrt; sie sind lauter und ohne Bitterkeit. Für uns sind sie Heilige."

20. Oktober

Damit ein Leben schön wird, muss man nicht außergewöhnlich fähig sein, muss einem nicht alles leicht von der Hand gehen: Glücklich, wer es versteht, sich selbst schlicht hinzugeben.

21. Oktober

Gott der Barmherzigkeit,
du hörst nicht auf,
jeden Menschen zu suchen,
der sich von dir entfernt hat.
Durch dein Verzeihen lässt du uns singen:
Ein Durst erfüllt meine Seele,
alles dir zu überlassen.

22. Oktober

Vergisst du, dass Gott in dir gegenwärtig ist? In ihm ruhen, ihm ein Anliegen sagen ... und du findest zu ihm zurück, gleich wo du bist, in deinem Zimmer, bei der Arbeit oder auf der Straße voller Verkehrslärm ...

23. Oktober

Wo liegt die Quelle der Hoffnung und der Freude? Sie ist in Gott, der uns unablässig sucht und in uns die tiefe Schönheit der menschlichen Seele findet.

24. Oktober

Man kann auf dem Gesicht eines Menschen einen Widerschein des Antlitzes Christi wahrnehmen, vor allem wenn es durch Tränen und Leid lauter geworden ist.

25. Oktober

Atem der Liebe Gottes, Heiliger Geist,
wir schenken dir unser Vertrauen,
weil es uns in dir gegeben ist,
eine erstaunliche Entdeckung zu machen:
Gott flößt uns weder Furcht noch Angst ein,
Gott kann nur lieben.

26. Oktober

Das Gebet hat eine unangefochtene Macht, es lässt uns nicht teilnahmslos werden angesichts der heftigen Erschütterungen, denen die Menschheitsfamilie ausgesetzt ist. Aus ihm schöpfen wir unerlässliche Energien, um mitleiden zu können.

27. Oktober

Als Christen sind wir in der Lage, ein Leben lang von einem Neubeginn zum nächsten zu gehen. Aber es geht auf diesem Weg mit unseren Kräften zu Ende, wenn wir sie nicht aus einer Beständigkeit schöpfen, aus der unsichtbaren Gegenwart des Heiligen Geistes in uns.

28. Oktober

In Einsamkeit beten kann mühsam sein; das gemeinsame Gebet aber ist in seiner Schönheit eine unvergleichliche Stütze für das innere Leben. Durch schlichte Worte, Hymnen und Gesänge strahlt es verhaltene und stille Freude aus.

29. Oktober

Auferstandener Jesus,
in die durchpflügte Erde unseres Lebens
legst du das Vertrauen des Glaubens.
Zunächst ein kleines Korn,
kann der Glaube in uns zu einer der klarsten
Wirklichkeiten des Evangeliums werden.
Er sorgt dafür, dass die Güte im Herzen
des Menschen unerschöpflich bleibt.

30. Oktober

Gott versteht unsere Worte und auch unser Schweigen. Wie oft ist das Schweigen alles im Gebet.

31. Oktober

Mit den Errungenschaften von Wissenschaft und Technik gelingt es, Leid zu lindern und Hungersnöte einzudämmen. Solche weitreichenden Mittel sind unerlässlich, aber sie allein genügen nicht. Sollten wir eines schönen Morgens in Gesellschaften erwachen, die dank ausgefeilter Technik tadellos funktionieren, in denen aber das Vertrauen des Glaubens, die Einsicht des Herzens, der Durst nach Versöhnung erloschen sind – welche Zukunft hätte dann die Menschheitsfamilie?

November

1. November

Lebendiger Gott, wir preisen dich
für die unzähligen Frauen und Männer,
Jugendlichen und Kinder,
die überall auf der Erde Wege suchen,
Zeugen des Friedens,
des Vertrauens und der Versöhnung zu sein.
Gib, dass wir uns in der Folge
der Heiligen Zeugen Christi aller Zeiten,
seit den Aposteln und der Jungfrau Maria
bis heute,
Tag für Tag bereit finden,
dem Geheimnis des Glaubens Vertrauen zu
schenken.

2. November

Wer auf die Auferstehung vertraut, begreift, dass die Gemeinschaft zwischen den Glaubenden mit dem Tod nicht abbricht. In der

Einfachheit des Herzens können wir die Menschen, die wir lieben und die uns ins Leben von Ewigkeit vorausgegangen sind, bitten: Bete für mich, bete mit mir. Während ihres Lebens auf der Erde haben sie uns mit ihrem Gebet unterstützt. Wie könnten wir nach ihrem Tod aufhören, darauf zu bauen?

3. November

Eine der Früchte des Heiligen Geistes in uns ist die Freude.[1] Wo tiefe Freude herrscht, ist der Heilige Geist gegenwärtig.

4. November

Heiliger Geist, Tröster,
im Innersten warten wir darauf,
dass wir ganz von deiner unsichtbaren
Gegenwart durchdrungen werden.
Im Schein deines Lichtes ahnen wir

das Geheimnis unseres Lebens,
und die nächtlichen Schatten
weichen von der Seele.

5. November

Als Getaufte im Heiligen Geist haben wir für immer Christus angezogen. Zu jedem kann Gott sagen: „Du bist mein Einziger, in dir finde ich meine Freude."[2] Im zehnten Jahrhundert schrieb ein Christ namens Symeon: „Christus wird auf jeden Menschen zugehen, als würde er einzig und allein auf ihn schauen."

6. November

Manche spüren eine innere Leere und fragen sich: „Wo ist denn Gott?"[3] Ist Christus nicht bei allen, selbst bei denen, die ihn nicht kennen?

7. November

Jesus, unsere Hoffnung,
lass uns deine Stimme hören,
wenn du zu uns sagst:
Ich, Christus, liebe dich.
Hier liegt die Quelle inneren Friedens.

8. November

In aller Welt legen Christen Wert darauf, verantwortliche, oft sehr konkrete Aufgaben zu übernehmen, um die Erde bewohnbarer zu machen. Und welches Staunen, wenn sich zeigt, was Liebe bewirken kann, die aus den Quellen des Vertrauens auf Gott schöpft!

9. November

Hast du Zeiten, in denen alles öd und leer zu sein scheint? In solchen Augenblicken, in denen scheinbar nichts in dir geschieht, geht mit ganz Wenigem eine Wüstenblume auf.

10. November

Retter allen Lebens,
freuen sollen sich, die dich suchen.
An einer Stelle im Evangelium sagst du zu uns:
„Ich kenne deine Bedrängnis und deine Armut,
und doch bist du erfüllt.“[4]
Wovon erfüllt?
Von den lebendigen Quellen,
die zutiefst in jedem Menschen
verborgen sind.

11. November

Christus weiß, welchen inneren Kampf wir bisweilen führen, um als lautere Menschen dazustehen. Das innere Ringen ist ein Zeichen unserer Liebe zu ihm. Unser Leben ist aber kein fortwährender Kampf. Wenn wir die Freudenbotschaft des Evangeliums annehmen, schenkt uns der Heilige Geist, was wir oft nicht mehr erwarteten: den Frieden des Herzens und mit ihm ein Glück.

12. November

Gelobt sei der Heilige Geist, er liebt uns immer, auch dann, wenn wir nichts oder fast nichts von seiner steten Gegenwart spüren.

13. November

Auferstandener Jesus,
geheimnisvolle Nähe,
du willst nicht,
dass wir uns mit Sorgen quälen,
sondern hüllst uns in deinen Frieden.
Und Freude aus dem Evangelium
rührt an den Grund der Seele.

14. November

Unter den Kindern, die in Taizé oft zum gemeinsamen Gebet kommen, waren einmal ein Bruder und eine Schwester. Das kleine Mädchen hielt versunken die Hände gefaltet. Es flüsterte ganz ruhig einige Worte. Der Bub hatte die Augen mit den Händen bedeckt und blieb still. Mit oder ohne Worte – auf ihren Gesichtern und an ihrer Haltung konnte man die Schönheit inneren Lebens erkennen.

15. November

In den leidvollen Tiefen eines Lebens ist der Heilige Geist Beistand und Trost. Fortwährend gehen aus ihm Jubel, gelöste Freude hervor. Und diese Freude bringt uns den Menschen näher, die leiden.

16. November

Es gibt keine Technik, mit der man beten, keine Methode, mit der man inwendig Stille herbeiführen kann. Es ist nicht schlimm, wenn wir im Gebet nur stammeln. Gehören wir nicht alle zu den Armen des Evangeliums?

17. November

Lebendiger Gott,
unser Gebet mag unbeholfen sein,
aber wir suchen dich voll Vertrauen.
Und dein Erbarmen bahnt sich einen Weg
durch unsere Unschlüssigkeit,
ja durch unsere Zweifel.

18. November

Im Evangelium ist von einem Jugendlichen die Rede, der in Gott dessen liebenden Willen suchte und mit seinen Fragen zu Christus kam. Jesus antwortete ihm: „Eines fehlt dir, verkaufe deinen Besitz, gib ihn den Armen, dann komm und folge mir nach." Der Jugendliche entfernte sich tieftraurig.[5] Warum? Er hatte nicht die innere Freiheit, sich hinzugeben.

19. November

„Jesus Christus, Licht meines Herzens, lass nicht zu, dass mein Dunkel zu mir spricht." Als Augustinus dieses Gebet niederschrieb, hatte er die Eingebung: Wenn die eigene Dunkelheit uns in Beschlag nimmt, kommt es zu einem fruchtlosen inneren Geschwätz mit dem, was uns an uns selbst wehtut. Wohin kann das führen? Nirgendwohin.

20. November

Gott der Barmherzigkeit,
wenn wir begreifen,
dass uns nichts von dir trennen kann,
gibt das Vertrauen auf dich
uns den Aufstieg
zu stiller Freude frei.

21. November

Ikonen können das Gebet verschönern. Sie sind wie Fenster, die zur Wirklichkeit Gottes hin offenstehen. Es gibt Künstlerhände, die eine Ahnung vom Widerschein des Evangeliums und einen Einblick in das Geheimnis Gottes verschaffen können.

22. November

Der Apostel Petrus hat Jesus während seines Lebens auf der Erde gesehen. Er weiß jedoch über uns, dass „wir Christus lieben, ohne ihn gesehen zu haben“, dass „wir ihm unser Vertrauen schenken, ohne ihn schon zu sehen“. Und er kann fortfahren: „Ihr jubelt in unsagbarer Freude, die euch schon verklärt.“[6]

23. November

Zählen wir zu den Menschen, die die Hoffnung auf eine neue Zukunft vermehren? Wer wird in ihrem Vorfeld für Entspannung sorgen, wo Hass und Gewalt ausbrechen?

24. November

Christus allen Erbarmens,
du ermöglichst, dass wir uns dir zuwenden ...
und ein inneres Licht geht im Herzen auf.[7]
Und im Gebet genügen die Worte:
Jesus, meine Freude,
meine Hoffnung und
mein Leben.

25. November

Glücklich, wer bei Gott unvergängliches, unverwüstliches Vertrauen schöpft!

26. November

Für den, der Christus nachfolgen will, gehört das Verzeihen zum Unerhörtesten, zum Unerlässlichsten im Evangelium. Und die Herzensgüte kommt nahezu einem Wunder in unserem Leben gleich.

27. November

Heiliger Geist,
dein Evangelium versichert uns,
dass du in uns gegenwärtig bist.[8]
Deine Nähe ist so gewiss wie das Leben.

28. November

Jesus hat einmal ernste Worte an alle gerichtet, „die anderen schwere Lasten auf die Schultern legen, selbst aber keinen Finger rühren wollen, um die Lasten zu tragen".[9]

29. November

Sei bereit, in Treue zu leben, wenn du bis zum Ende auf den Ruf Christi antworten willst. Keine trügerische Liebe wird dich erfüllen, die sich mit Worten begnügt, sondern eine von Güte durchdrungene Seele.

30. November

Manche Eltern kommen ins Grübeln, wenn sie sehen, dass sich ihre Kinder den Gebetsorten entfremden, die sie selbst aufsuchen. Wird das Beste ihres Glaubens aber nicht erneut zum Tragen kommen, wenn die Kinder eines Tages als Erwachsene große Verantwortung zu übernehmen haben? Die ersten zarten Blüten des Vertrauens auf Gott in der Kindheit gehen nicht für immer verloren. Ihr Duft zieht unmerklich in die Seele ein.

Dezember

1. Dezember

Wer auf den Ruf des Evangeliums antwortet, weigert sich, in irgendeinem Menschen einen Feind zu sehen.[1] Sein Beten in Stille und Liebe macht ihn frei genug, auch denen zu verzeihen, die seine Absichten entstellen.

2. Dezember

Heiliger Geist, geheimnisvolle Nähe,
du dringst in unsere Tiefe und erkennst,
was uns bewegt. Du weißt, woran uns liegt:
Wir wollen dein Erbarmen
mit grenzenloser Güte weitergeben.

3. Dezember

Mögen wir nur wenig vom Evangelium begreifen, es ist Licht unter uns. Mögen wir nur wenig vom Heiligen Geist wahrnehmen, er ist Leben für uns. Mögen wir nur wenig von der Eucharistie erfassen, sie ist Gegenwart Christi in uns.

4. Dezember

Es erfüllt das Herz mit Frieden zu wissen, dass der Tod kein Abschluss ist. Er gibt den Weg in ein Leben frei, in dem Gott uns für immer bei sich aufnimmt. Als meine Mutter schon sehr alt war, erlitt sie einen Herzinfarkt. Sobald sie wieder reden konnte, sagte sie: „Ich habe keine Angst vor dem Tod, ich weiß, an wen ich glaube ... aber ich liebe das Leben." Und noch an ihrem Sterbetag flüsterte sie: „Das Leben ist schön ..."

5. Dezember

Gott verlangt im Gebet nichts, was uns zu wunderbar und zu hoch ist. Gott schenkt es vielmehr, dass wir uns schlicht ihm überlassen. Und der Heilige Geist gibt uns ganz einfache Worte ein: Gott der Barmherzigkeit, was erwartest du von mir?

6. Dezember

Es gibt Leute, die durch ihre Hingabe bezeugen, dass der Mensch nicht verurteilt ist zu verzweifeln. Gehören wir zu ihnen? Sind wir bei allem Unvermögen nicht gerufen, durch unser Leben ein Geheimnis der Hoffnung weiterzugeben?

7. Dezember

Gott aller Liebe,
du rufst uns auf, aus dir zu leben.
Mögen wir von dir lassen –
du bleibst in uns durch deinen Heiligen Geist.
Deine Gegenwart ist nicht für einen Augenblick,
sondern für immer.

8. Dezember

Durch die Jungfrau Maria offenbart sich das Geheimnis der Hingabe. Dies erkannte eine Frau aus Puerto Rico und schrieb ihrem Sohn, der seine Berufung mit einem lebenslangen Ja besiegelte: „Als ich deine vollkommene Liebe zu Gott bemerkte, dachte ich an die Jungfrau Maria. Als Mutter willigte sie in alles ein, was Gott vorbereitet hatte. Was vermag ich, mein Sohn, wo Gott handelt? Ich kann Gott nicht verweigern, was ihm gehört. Du bist alles, was ich habe; aber um der Liebe willen, die Gott zu uns hat, geben wir ihm alles.“

9. Dezember

Die Staunen weckende Gegenwart des Heiligen Geistes ist Feuer. Auch als blasser Schein flammt es inwendig auf. Es bleibt, selbst wenn man den Eindruck hat, nicht beten zu können.

10. Dezember

Wenn wir das Vertrauen des Glaubens manchmal nicht mehr recht aufbringen, können wir zu Gott sagen: „Schau nicht auf meinen geringen Glauben, sondern lass mich am Glauben deiner ganzen Kirche einen Rückhalt finden, am Glauben so vieler einfacher Zeugen, die in unvergleichlicher Weise aus dir lebten.“

11. Dezember

Christus, du willst für jeden Menschen Freude,
ein Glück des Evangeliums.
Und der Frieden im Herzen
kann den Menschen um uns
das Leben schön machen.

12. Dezember

Der Heilige Geist ist immer gegenwärtig. Er durchdringt unsere Tiefen. Er lässt uns darauf warten, dass die Freude Gottes an den Grund der Seele rührt.

13. Dezember

Der Heilige Geist, der jeden Menschen erfüllt, schenkt Freiheit und Spontaneität. Wer den Geschmack am Leben verliert, kann ihn durch den Heiligen Geist wiederfinden. Er kommt und befreit von Mutlosigkeit. Weder Zweifel noch die Vorstellung, Gott würde schweigen, nehmen uns seinen Heiligen Geist.

14. Dezember

Je mehr wir in aller Einfachheit teilen, was wir haben, desto einladender wird unser Herz für die Menschen, die uns umgeben. Einfachheit, immer mehr Einfachheit ermöglicht es, andere auch mit ganz wenig aufzunehmen.

15. Dezember

Jesus Christus,
lass uns auf deinen Ruf hören,
jeden Tag als ein Heute Gottes zu leben.

16. Dezember

Vier Jahrhunderte nach Christus schrieb Augustinus Worte, die heute aktueller sind denn je: „Es gibt eine Stimme des Herzens und eine Sprache des Herzens. Diese innere Stimme ist unser Gebet, sooft die Lippen verschlossen sind und unsere Seele offen vor Gott liegt. Wir verstummen, und unser Herz spricht; nicht in die Ohren von Menschen, sondern zu Gott. Sei gewiss: Gott kann dich hören."

17. Dezember

Könnten wir uns sagen, wenn wir vor anderen das Evangelium auslegen oder ein Gebet sprechen: „Dein Beten und Reden sollen nie die geringste Drohung im Namen Gottes enthalten!" Gott ist Liebe. Er zwingt sich den Menschen nicht dadurch auf, dass er ihnen

Angst macht. Christus hat, sogar als er misshandelt wurde, niemanden bedroht.[2]

18. Dezember

Heiliger Geist, Tröster,
lass uns, wenn uns einmal
innere Vereinsamung überwältigt,
begreifen, dass Christus immer gegenwärtig ist
und dass er uns stets im Herzen zur Ruhe
kommen lassen kann.

19. Dezember

Ein Leben lang stehen wir vor schwer erklärlichen Gegebenheiten, manchmal vor Widerstreit, Auseinanderleben, abgebrochenen Beziehungen. Dann fragen wir uns: Lassen wir die Freude sterben? Nein, sie kann auch in schweren Stunden bleiben. Anstatt den anderen die Traurigkeit aufzubürden, machen wir mit der Freude im Herzens die Menschen um uns herum glücklich.

20. Dezember

Wer ist Christus, dem wir nachfolgen? Er ist es, der es uns ermöglicht, in Gemeinschaft mit ihm zu leben. Durch seinen Heiligen Geist bleibt er uns nahe, heute, morgen, immer. Nie versiegen in ihm die Quellen hellen Jubels.[3]

21. Dezember

Manche verunsichert die Vorstellung, Gott würde schweigen – als hinge seine Gegenwart von etwas Spürbarem ab. Aber die Gemeinschaft mit Gott bleibt auch dann bestehen, wenn ihr wahrnehmbarer Widerhall verklungen ist.

22. Dezember

Heiliger Geist,
sobald wir dir unsere Lasten und Not
anheim geben,
erfüllst du unsere Seele
mit dem Frieden des Herzens.

23. Dezember

Zutiefst in uns regt sich ein Ruf nach innerer Freiheit. In ihr liegt Poesie. Sie freut sich an Kleinigkeiten: am Wind in den Bäumen, am wechselnden Licht des Himmels, an der engen Verbundenheit bei einer einfachen Mahlzeit, an der Nähe lieber Menschen, an Kindern ...

24. Dezember

Wäre jede Nacht im Leben eine Weihnacht, erhellt von innerem Licht ...!

25. Dezember

Jesus, Sohn der Jungfrau Maria,
an Weihnachten bringst du uns
die Freudenbotschaft deines Evangeliums.
Wer lauscht, wer die Gaben
des Heiligen Geistes annimmt,
bei Tag wie in den wachen Stunden der Nacht,
entdeckt, dass selbst mit ganz geringem Glauben,
mit fast nichts, das Wesentliche gewährt wird.

26. Dezember

Als Gott nicht mehr wusste, wie er sich anders verständlich machen sollte, kam er selbst auf die Erde, arm und gering. Hätte Jesus

Christus nicht unter uns gelebt, bliebe Gott fern, unerreichbar. Durch sein Leben lässt Jesus Gott wie durchscheinend sehen.[4]

27. Dezember

Könnte man das Herz des Menschen ergründen, würde man darin überrascht die stille Erwartung einer Gegenwart entdecken. Im Johannesevangelium findet sich eine Antwort auf diese Erwartung: „Mitten unter euch steht einer, den ihr nicht kennt.“[5] Ist Christus, den wir vielleicht kaum kennen, nicht immer mitten unter uns?

28. Dezember

Wissen wir zur Genüge, dass der Mensch für Gott durch seine unschuldig in der Kindheit erlittenen Wunden geheiligt ist?

29. Dezember

Jesus, unsere Freude,
in deinem Evangelium sagst du zu uns:
„Seht euch die Vögel des Himmels an
und die Lilien auf dem Feld.
Seid ihr nicht viel mehr wert als sie?
Macht euch keine Sorgen.“[6]

30. Dezember

Könnten wir von Neubeginn zu Neubeginn gehen, bereit, den kommenden Tag als einzigartigen Tag zu empfangen ... Christus sagt zu jedem Menschen: Ich lasse dich nie allein.[7]

31. Dezember

In allem ein innerer Friede, ungetrübte Freude. Der Heilige Geist hat unsere Vergangenheit im Herzen Christi versenkt. Und er nimmt sich unserer Zukunft an.

Heiliger Geist, lass nicht zu,
dass unsere Herzen sich betrüben,
stärke uns in unserer Nacht,
schenke uns deine Freude.

Einige Bibelstellen zu Vertrauen und Frieden im Herzen

Aus der Tiefe seiner Anfechtungen sagte Ijob: Ich weiß, dass mein Erlöser lebt, zuletzt wird er sich über der Erde erheben. Er weckt mich auf und nimmt mich zu sich.
Ijob 19,25–26

Bei Gott allein kommt meine Seele zur Ruhe, von ihm kommt mein Heil. Bei Gott allein ist meine Seele in Frieden; von ihm kommt meine Hoffnung. Ihr alle, vertraut ihm zu jeder Zeit! Schüttet euer Herz vor ihm aus! Gott ist unsere Zuflucht.
Psalm 62,2.6.9

Unser Gott ist barmherzig. Der Herr behütet die einfachen Menschen; ich war schwach, und er brachte mir Hilfe. Komm wieder zur Ruhe, meine Seele!
Psalm 116,5–7

Herr, mein Herz ist nicht überheblich, nicht hochmütig blicken meine Augen. Ich gehe nicht um mit Dingen, die mir zu wunderbar und zu hoch sind. Nein, ich ließ meine Seele ruhig werden und still; wie ein kleines Kind bei der Mutter, wie ein kleines Kind ist meine Seele still in mir.
Psalm 131

Der Herr spricht: In Umkehr und Ruhe liegt euer Heil, Stille und Vertrauen verleihen euch Kraft.
Jesaja 30,15

Ich kenne meine Pläne, die ich für euch habe, spricht der Herr, Pläne des Friedens und nicht des Unheils, um euch eine Zukunft und eine Hoffnung zu geben.
Jeremia 29,11

Der Herr spricht: Ich gebe euch ein neues Herz und lege einen neuen Geist in euch. Ich nehme das Herz von Stein aus eurer Brust und gebe euch ein Herz von Fleisch. Ich lege meinen Geist in euch.
Ezechiel 36,26–27

Jesus sagte: Kommt alle zu mir, die ihr euch plagt und schwere Lasten zu tragen habt. Ich werde euch Ruhe verschaffen.
Matthäus 11,28

Während der Gegenwind das Boot hin und her warf, sagte Jesus zu seinen Jüngern: Habt Vertrauen, ich bin es; fürchtet euch nicht!
Matthäus 14,27

Jesus sagte zu seinen Jüngern: Wer von euch kann mit all seiner Sorge sein Leben auch nur um eine kleine Zeitspanne verlängern? Wenn ihr nicht einmal etwas so Geringes könnt, warum macht ihr euch dann Sorgen um all das Übrige?
Lukas 12,25–26

Jesus sagte zu seinen Jüngern: Ich spreche zu euch, während ich noch bei euch bin. Der Beistand aber, der Heilige Geist, den der Vater in meinem Namen senden wird, wird euch alles lehren und euch an alles erinnern, was ich euch gesagt habe. Frieden hinterlasse ich euch, meinen Frieden gebe ich euch … Euer Herz beunruhige sich nicht und verzage nicht.
Johannes 14,25–27

Jesus sagte zu seinen Jüngern: Ich habe zu euch gesprochen, damit ihr in mir Frieden habt.
Johannes 16,33

Das Reich Gottes ist Gerechtigkeit, Friede und Freude im Heiligen Geist.
Römer 14,17

Gott, der Vater, stärke euch in eurem Innern durch seinen Geist. Durch den Glauben wohne Christus in eurem Herzen. In der Liebe verwurzelt und auf sie gegründet, sollt ihr fähig sein, die Länge und Breite, die Höhe und Tiefe zu ermessen und die Liebe Christi zu verstehen, die alle Erkenntnis übersteigt. So werdet ihr mehr und mehr von der ganzen Fülle Gottes erfüllt.
Epheser 3,16–19

Seid demütig, friedfertig und geduldig, ertragt einander in Liebe, und bemüht euch, die Einheit des Geistes zu wahren durch den Frieden, der euch zusammenhält.
Epheser 4,2–3

Einst wart ihr Finsternis, jetzt aber seid ihr durch den Herrn Licht geworden. Lebt als Kinder des Lichts!
Epheser 5,8

Wenn es also Ermahnung in Christus gibt, Zuspruch aus Liebe, eine Gemeinschaft des Geistes, herzliche Zuneigung und Erbarmen, dann macht meine Freude dadurch vollkommen, dass ihr eines Sinnes seid, einander in Liebe verbunden, einmütig und einträchtig.
Philipper 2,1–2

Freut euch im Herrn zu jeder Zeit! Noch einmal sage ich: Freut euch! Eure Güte werde allen Menschen bekannt. Der Herr ist nahe. Sorgt euch um nichts, sondern bringt in jeder Lage betend und flehend eure Bitten mit Dank vor Gott! Und der Friede Gottes, der alles Verstehen übersteigt, wird eure Herzen und eure Gedanken in der Gemeinschaft mit Christus Jesus bewahren.
Philipper 4,4–7

Ihr seid von Gott geliebt, seid sein auserwähltes Volk. Darum bekleidet euch mit aufrichtigem Erbarmen, mit Güte, Demut, Milde, Geduld! Ertragt euch gegenseitig, und vergebt einander, wenn einer dem andern etwas vorzuwerfen hat. Wie der Herr euch vergeben hat, so vergebt auch ihr! Vor allem aber liebt einander, denn die Liebe ist das Band, das alles zusammenhält und vollkommen macht.

In eurem Herzen herrsche der Friede Christi; dazu seid ihr berufen als Glieder des einen Leibes. Seid dankbar!
Kolosser 3,12–15

Heillosem und nichtigem Geschwätz geh aus dem Weg; wer sich damit abgibt, entfernt sich immer weiter von Gott.
2 Timotheus 2,16

Keiner, der in Versuchung gerät, soll sagen: Ich werde von Gott in Versuchung geführt. Denn Gott kann nicht in die Versuchung kommen, Böses zu tun, und er führt auch selbst niemanden in Versuchung.
Jakobus 1,13

Ihr habt Christus nicht gesehen, und dennoch liebt ihr ihn; ihr seht ihn auch jetzt nicht; aber ihr glaubt an ihn und jubelt in unsagbarer, von himmlischer Herrlichkeit verklärter Freude.
1 Petrus 1,8

Christus wurde geschmäht, schmähte aber nicht; er litt, drohte aber nicht, sondern überließ sein Leben Gott.
1 Petrus 2,23

Werft alle eure Sorge auf Gott, denn er kümmert sich um euch.
1 Petrus 5,7

Meine Kinder, wir wollen nicht mit Wort und Zunge lieben, sondern in Tat und Wahrheit.

Daran werden wir erkennen, dass wir aus der Wahrheit sind, und werden unser Herz in seiner Gegenwart beruhigen. Denn wenn das Herz uns auch verurteilt – Gott ist größer als unser Herz, und er versteht alles.
1 Johannes 3,18–20

Gott ist die Liebe, und wer in der Liebe bleibt, bleibt in Gott, und Gott bleibt in ihm … Furcht gibt es in der Liebe nicht, sondern die vollkommene Liebe vertreibt die Furcht. Denn die Furcht rechnet mit Strafe, und wer sich fürchtet, dessen Liebe ist nicht vollendet.
1 Johannes 4,16b.18

Anmerkungen

Januar

1 Matthäus 11,28
2 1 Johannes 4,8.16
3 Vgl. Johannes 3,17
4 Matthäus 25,40
5 Johannes 1,5
6 Psalm 62,2–3
7 Johannes 14,27
8 Vgl. 1 Könige 19,9–13
9 Redemptor Hominis (Enzyklika, 1979)
10 Vgl. Matthäus 3,11
11 Vgl. 1 Thessalonicher 5,19
12 Ose comprendre que je t'aime, Cerf, 1983
13 Vgl. Psalm 42,8
14 Matthäus 16,25

Februar

1 Vgl. Lukas 2,22–24
2 Johannes XXIII., Geistliches Tagebuch
3 Lukas 9,62
4 Vgl. 1 Petrus 1,8
5 Zitiert nach: Seele der Welt, Verlag Herder, 2000
6 Vgl. Matthäus 11,28–29
7 Brief an Diognet

März

1 Vgl. Johannes 1,1–3
2 Lukas 9,24
3 Vgl. 2 Korinther 4,7
4 Vgl. Markus 4,27
5 Sprichwörter 30,16
6 Vgl. Psalm 84,7
7 Lukas 10,21
8 Lukas 1,38
9 Vgl. 1 Petrus 5,7
10 Offenbarung 3,20 und Markus 10,21

Ostern und Pfingsten

1 Vgl. Matthäus 26,38
2 Vgl. 1 Petrus 2,23
3 Vgl. Matthäus 11,28
4 Vgl. 1 Petrus 3,18–20; 4,6
5 Vgl. Johannes 14,16.26; 16,7

April

1 Markus 9,24
2 Vgl. Lukas 24,13–35
3 1 Johannes 3,20
4 Vgl. Johannes 21,15–17
5 Johannes 21,15–17
6 Vgl. Matthäus 8,8

Mai

1 Vgl. Matthäus 5,8
2 Lukas 2,19.51
3 Zitiert nach: Seele der Welt, Verlag Herder, 2000
4 Vgl. Matthäus 5,44
5 Vgl. Jesaja 53,2–4.7

6 Vgl. 1 Petrus 1,8
7 Vgl. Matthäus 5,23–24
8 Vgl. Johannes 3,17
9 Vgl. Matthäus 28,20
10 Zitiert nach „La vie spirituelle", März/April 1982
11 Vgl. Johannes 14,18–20
12 Vgl. Matthäus 11,28
13 Vgl. Lukas 10,38–42
14 Vgl. Römer 8,26

Juni

1 Vgl. Johannes 6,56
2 Ansprache an die Pfarrer der Diözese Rom, 1959
3 Vgl. Matthäus 25,40
4 Brief an Diognet
5 Markus 4,40; 6,50
6 Jeremia 20,9
7 Vgl. Johannes 14,9
8 Vgl. 1 Johannes 5,14–15
9 Johannes 14,27; 20,19–21
10 Vgl. Lukas 15,20–32

11 Markus 7,34
12 Vgl. Johannes 1,26
13 Vgl. Lukas 10,27
14 Vgl. Lukas 3,6.18
15 Zitiert nach: Seele der Welt, Verlag Herder, 2000
16 Lukas 6,27–28

Juli

1 Johannes 20,29
2 Philipper 4,6
3 Vgl. Jesaja 30,15
4 1 Johannes 4,8.16
5 Lukas 19,5
6 1 Johannes 3,20
7 Vgl. Lukas 9,24
8 Carnets de notes, zitiert nach: Pierre Pascal, „Dostoïevski, l'homme et l'oeuvre", L'Âge d'Homme, 1970
9 Vgl. Jesaja 49,10

August

1 Matthäus 19,14
2 Vgl. 1 Könige 17,7–16
3 2 Petrus 1,19
4 Vgl. Jesaja 44,22

September

1 Jesus Sirach 2,2
2 Vgl. Johannes 15,12
3 Vgl. Matthäus 14,13–21
4 Markus 10,21
5 Vgl. Jeremia 31,33; 2 Korinther 3,3
6 Zitiert nach: Seele der Welt, Verlag Herder, 2000
7 Matthäus 5,3
8 Matthäus 16,15
9 Vgl. Johannes 11,35

Oktober

1 Römer 8,26
2 Vgl. Johannes 1,1–10
3 Vgl. Matthäus 6,27
4 1 Thessalonicher 5,19
5 Vgl. Lukas 24,52

November

1 Galater 5,22
2 Markus 1,11
3 Psalm 42,4
4 Offenbarung 2,9
5 Vgl. Markus 10,17–22
6 1 Petrus 1,8
7 Vgl. 2 Petrus 1,19
8 Vgl. 1 Korinther 3,16
9 Matthäus 23,4

Dezember

1 Vgl. Matthäus 5,44
2 Vgl. 1 Petrus 2,23
3 Vgl. Philipper 4,4

4 Vgl. Johannes 14,9
5 Johannes 1,26
6 Vgl. Matthäus 6,25–34
7 Vgl. Matthäus 28,20

Edition Taizé bei Herder

Taizé – Gemeinsame Gebete für das ganze Jahr

Mit einem Vorwort von Frère Alois

11,9 x 19,8 cm, 192 Seiten, Klappenbroschur

ISBN 978-3-451-29571-3

Modelle für gemeinsame Gebete im Kirchenjahr. Sie wollen Anregung sein für das Gebet mit anderen wie für das persönliche Beten. Die Faszination von Taizé für Zuhause – in 44 gemeinsamen Gebeten, die Verbindung schaffen mit Taizè und der Taizé-Gemeinde in der ganzen Welt.

Taizé – Wer sucht wird finden

Biblische Gedanken zu wesentlichen Glaubensfragen

11,9 x 19,8 cm, 128 Seiten, kartoniert

ISBN 978-3-451-29635-2

Die Brüder der Communauté wollen, ausgehend von ihren eigenen Beschäftigungen mit der Heiligen Schrift, gerade für fragende Jugendliche Anregungen zum Nachdenken geben, die in die Weite und Tiefe des Glaubens führen.